세계시민학 총서 2.

Global Citizenship Studies Series Vol. 2

세계시민
교육과
SDGs

Sustainable Development Goals

세계시민학 총서 2

세계시민교육과 SDGs

지은이	정우탁
기 획	사다벗이 세계시민포럼(상임대표 배기동)
펴낸날	2022년 6월 25일 (2쇄)
펴낸이	최병식
펴낸곳	주류성출판사 www.juluesung.co.kr
	서울시 서초구 강남대로 435
	전화 02-3481-1024 팩스 02-3482-0656

책값 20,000원

ISBN 978-89-6246-460-3 94300

ISBN 978-89-6246-437-5 94300(세트)

이 책은 한미약품(주)의 지원으로 제작되었습니다.

세계시민학 총서 2.
Global Citizenship Studies Series Vol. 2

세계시민
교육과
SDGs

Sustainable Development Goals

정우탁 지음

주류성

목차

제1장 세계시민교육을 글로벌 의제로 만들다 ⋯ 13

**세계시민사상과 세계시민교육의
과거·현재·미래** … //

| 발간사 |

세계시민학 시리즈 2권 세계시민과 SDGs 발간에 즈음하여

　본 포럼은 인류사회의 구성원들이 공존과 평화 그리고 번영을 위한 학문적인 노력을 포괄적으로 육성하기 위한 학문적인 노력으로서 금년 초에 세계시민학 시리즈 제1권을 발간한 바 있다.

　글로벌 디지털 복합사회가 형성되어 가는 현대에 있어서, 인간으로서 문화와 사회제도의 차이에도 불구하고 보편적인 삶을 향유하고 행복하게 살 수 있는 권리와 이와 관련된 제반행위에 대해서, 역사적인 과정과 현실적인 사회의 다양한 현상을 관찰하고, 이를 학문적인 담론의 장에서 논하여 이를 세세시민사회를 형성하기 위한 현실적인 제도와 노력에 철학적이고 방법론적인 영역의 바탕을 만들고자 하는 것이 세계시민학을 제창하였다. 그리고 그 학문적인 구성의 무색을 위하여 이 시리즈를 구성한 것이다.

　시리즈 2권은 UNESCO가 세계시민교육이 글로벌 사회의 지속가능한 개발의 목표로 선정되는 과정과 글로벌 미래사회를 위하여 세계시민교육이 가져야 할 방향을 다루고 있다. 세계시민정신에 대한 철학적인 배경, 글로벌 사회의 지속가능한 발전의 하나의 전략으로서 세계시민교육 그리고 세계 각 국에서 세계시민교육의 현황과 유네스코 전담기구로서 카테고리 2 기관인 유네스코 아시아태평양 국제이해교육원(APCEIU)을 소개하고 있다. 앞으로 더욱 심각해질 지구환경문제를 해결하기 위한 노력으로서 세계시민교육이 관건이라는 점을 설명하고 있다. 필자인 정우탁 박사는 그동안 유네스코 한국위원회 그리고 유네스코 APCEIU의 원장을 역임하면서 이 분야의 선구자로서 오랫동안 실천적인 활약을 하여온 뛰어난 전문가이다.

시리즈 2의 주제는 세계시민이라는 개념에 대해서 글로벌 사회가 이 주제를 어떠한 과정으로 고민해 왔는가를 보여주는 것이라며 전 세계가 결국 인간의 보편적인 가치를 더욱 신장하기 위한 궁극적인 패러다임이라는 것을 말하는 것이라고 할 수 있다. 그리고 그 과정을 이해하는 것이 바로 세계시민학이 보다 심화된 지적체계로서 글로벌 사회의 미래를 학문적으로 논해야 할 필요성을 말하는 셈이다.

시리즈 발간에 쾌히 동참하여준 정우탁 박사에게 감사드리고 이 책이 우리 포럼이 지향하는 모든 다양한 사람들이 인간 공존의 가치를 가지고 행복하게 살아가는 지구공동체를 만들어가는 이상을 실현하는데 큰 역할을 하기를 기대한다.

2021년 12월
사단법인 세계시민포럼 상임대표 배기동

1982년 대학 졸업 후 첫 발을 디딘 유네스코 한국위원회에서 30년을 일하고, 이어서 2012년 12월 24일 유네스코 아시아태평양 국제이해교육원(UNESCO APCEIU) 4대 원장으로 취임하여 5대 원장까지 6년간 재직하였습니다. 유네스코와 함께 한 세월이 36년이니 제 평생의 업(業)이었다고 생각합니다.

유네스코 공동체에서 여러 가지 일을 했습니다만, 그 중 가장 의미 있는 일을 꼽으라고 한다면 세계시민교육을 유엔 지속가능발전목표(SDGs)에 포함시키는데 조금이나마 힘을 보탠 일이 될 것입니다. 그것은 유엔의 글로벌 의제 설정에 우리나라의 주장이 처음으로 반영된 역사적인 사건이었습니다. 이 일련의 과정에 직접 참여하고 활동한 필자가 그 여정을 기록으로 남겨야겠다고 생각한 것은 오래되었지만, 본격적으로 집필을 시작한 것은 2021년 여름이었습니다. 2021년 봄에 사단법인 세계시민포럼(Global Citizenship Forum)의 배기동 상임대표를 만나 이런 단행본의 필요성을 말씀드렸더니 흔쾌히 동의해 주셨습니다. 봄에 윤곽을 잡고 여름에 글을 쓰는 동안, 세계시민교육을 SDGs에 포함하기 위해 함께 고생했던 여러 사람들과 수많은 국제회의가 주마등같이 머릿속을 스쳐 지나갔습니다. 기억이 사라지기 전에 역사의 기록을 남겨야겠다는 의욕만 앞세워 시작했던 작업은 여름이 지나도록 끝이 보이지 않아 막막했습니다만 가을이 끝나갈 무렵 드디어 마무리 할 수 있었습니다.

이 책은 두 개의 장으로 이루어졌습니다. 제1장은 21세기에 등장한 새로운 개념인 글로벌 의제에 대해 제1절에서 설명하고, 이 책의 가장 핵심적인 부분인 제2절에서 세계시민교육의 글로벌 의제 설정 과정을 자세히 담았습니다. 제2장은 세계시민사상과 세계시민교육을 과거부터 현재까지 역사적으로 살펴보고, Post-SDGs를 위한 제언으로 마무리 하였습니다. 세계시민성, 혹은 세계시민의식이란 용어를 이 책에서 세계시민사상이라고 쓴 것은 세계 공동체를 꿈꾸는 저의 생각을 살짝 드러낸 것으로 너그럽게 받아주셨으면 합니다.

이 책을 가능하게 해준 세계시민포럼의 배기동 상임대표께 감사드립니다. 또한 초고 교열을 꼼꼼히 봐주신 이정복 선생님, 수차례의 교정과 출판에 도움을 준 세계시민포럼의 원중호 박사, 안경화 총괄기획실장에게도 고마움을 전합니다. 이 책에 들어간 사진을 제공해준 아시아태평양 국제이해교육원의 김종훈 기획행정실장에게 감사의 인사를 드립니다. 그리고 졸고를 출판해 주신 주류성 출판사의 최병식 사장님과 이준 이사님, 그리고 직원 여러분께 고마움을 표합니다.

2021년 12월

정 우 탁

제1장

세계시민교육을
글로벌 의제로 만들다

제1절

글로벌 의제란?

1. 글로벌 의제의 뜻과 역사
2. 글로벌 의제의 산실로서의 국제기구
3. 글로벌 의제는 어떻게 설정되는가?

1. 글로벌 의제의 뜻과 역사

　오랫동안 인류의 역사는 힘이 센 나라가 힘이 약한 나라를 침략하고, 부유한 나라가 가난한 나라를 수탈하는 약육강식의 역사였다. 피터 에반스(Peter Evans)는 국가의 유형을 약탈국가(Predatory State)와 발전국가(Developmental State)의 둘로 제시했는데,[1] 약탈국가(Predatory state)라는 용어를 인류 역사에 원용하면, 정복과 약탈로 점철된 인류의 역사와 과거 국가의 성격을 파악하는데 있어, 이 용어가 매우 정확하게 인류 역사와 과거 국가의 성격을 묘사해 준다.

　이러한 정복과 약탈의 역사가 제2차 세계대전 이후 유엔의 등장과 함께 변화하기 시작했다. 제국주의 유물이었던 식민지는 유엔의 신탁통치이사회를 거쳐 모두 다 독립하였고, 식민지와 신탁통치이사회 둘 다 지금은 역사의 유물이 되었다. 마셜 원조의 성공으로 확산하기 시작한 공적개발원조(Official Development Assistance: ODA)는 인류 역사상 처음으로 부유한 나라들이 가난한 나라들을 돕기 위해 원조 자금을 각출하고 지원하는 새로운 세상을 보여주고 있다.

　가장 큰 역사적 변화는 전 세계 대다수의 국가가 모여, 심각한 전 세계적 문제를 함께 해결하고자 공동의 결의를 하기 시작하였다는 것이다. 2001년의 새천년개발목표(Millennium Development Goals: MDGs)

---

1) 　Peter B. Evans, *Embedded Autonomy: States and Industrial Transformation*(Princeton: Princeton University Press, 1995) 참조. 피터 에반스는 3. States라는 장에서 자세히 설명하고 있다.

와 2015년의 지속가능발전목표(Sustainable Development Goals: SDGs)[2] 채택이 바로 그것이다. 이러한 공동의 결의를 글로벌 의제 혹은 글로벌 목표라고 통칭한다.[3] 이런 역사적 변환의 의미는 지금 보다는 후대에 더욱 명확하게 인식될 것이다. 아마도 후대의 역사가들은 유엔 탄생 이전과 유엔 탄생 이후 혹은 글로벌 의제 등장 이전과 이후로 역사를 구분하지 않을까 예측해본다.

글로벌 의제란 전 세계 대다수의 국가가 관심을 두는 의제로서 전 세계 대부분의 국가가 수긍하고 받아들이는 의제를 말한다. 인류 역사에서 글로벌 의제가 가능하게 된 것은 유엔이라는 범세계적 국제기구의 창설이라는 선결 조건이 마련된 이후이다. 그러나 유엔 창설이후에도 자본주의 진영과 공산 진영간 적대적인 냉전 체제로 글로벌의제를 만들 여건이 안 되었다. 두 진영은 가치관도 달랐고, 체제도 달랐다. 당연히 함께 합의를 이루기도 힘들었다.

마침내 1990년대 이후 탈 냉전시대가 도래하면서부터 글로벌 의제가 만들어질 여건이 만들어졌다. 전 세계가 하나의 시장, 하나의 지구촌(Global Village)으로 명실상부하게 변하면서, 전 세계를 관통하는 글로벌 의제가 가능하게 된 것이다.

가장 먼저 등장한 것이 1990년 태국 좀티엔에서 개최된 유네스코

2) 지속가능발전목표(Sustainable Development Goals: SDGs)는 다음 참조. https://sdgs.un.org/

3) 이 글에서는 글로벌 목표(global goal) 보다는 더 넓은 의미를 지닌 글로벌 의제(global agenda)로 부르기로 한다.

세계교육회의에서 주창한 '모두를 위한 교육'(Education for All: EFA)이다. 그러나 그 당시는 워낙 탈냉전 초창기라 글로벌 의제라는 개념이 거의 존재하지 않았다. 이후 1992년 리우 유엔환경개발회의(UNCED)에서 채택된 '의제21'도 글로벌 의제라고 할 수 있다. 이어서 1993년 빈 세계인권회의, 1994년 카이로 세계인구회의, 1995년 코펜하겐 세계사회개발 정상회담, 1995년 베이징 세계여성회의가 연이어 개최되어 인권, 인구, 사회개발, 여성 등 글로벌 의제를 다루었다.

그러나 글로벌 의제라는 개념이 널리 인식되고, 명확히 자리 잡기 시작한 것은 탈냉전 이후 10여 년의 세월이 지나간 2000년대 초반의 일이다. 유엔은 2000년에 새천년개발선언(Millennium Development Declaration)을 채택하고, 2001년에 새천년개발목표(Millennium Development Goals: MDGs) 8가지를 채택하였다. 유엔이 채택한 새천년개발목표 즉 MDGs가 인류 역사상 처음으로 등장한 글로벌 의제라는 인식이 전 세계적으로 자리 잡기 시작하였다. 이후 2015년에 두 번째 유엔 글로벌 의제인 지속가능발전목표(Sustainable Development Goals: SDGs)가 채택되면서 글로벌 의제는 더욱 확고하게 전 세계 인류에게 인식되기 시작하였다. 여기에는 유엔이라는 권위가 작용하였을 것으로 생각된다.

2. 글로벌 의제의 산실로서의 국제기구

이처럼 글로벌 의제는 주로 유엔, 유네스코 같은 국제기구가 중심이 되어 만들어 진다. 개별 국가나, 전문가 그룹, 혹은 시민사회단체도 글로벌 의제를 주창할 수는 있지만, 현실적으로 전 세계 모든 나라의 의견을 듣고, 이를 조정하여 대다수 국가가 수긍하고 받아들이는 글로벌 의제를 만들어 내려고 하면 회원 국가들로부터 권위를 부여 받은 국제기구가 아니면 그 영향력을 발휘할 수 없을 것이다. 그래서 국제기구, 그 중에서 특히 유엔이 오늘날 글로벌 의제의 산실 역할을 한다고 얘기한다. 이런 맥락에서 글로벌 의제를 만들어 내는 국제기구에 대해 먼저 간략히 살펴보고자 한다.

역사적으로 고찰해 볼 때, 국제기구는 1648년 베스트팔렌 조약이 체결되면서 등장할 수 있는 조건이 형성되었다. 베스트팔렌 조약은 인류 역사상 처음으로 '주권'(Sovereignty), 그리고 주권국가(Sovereign State)란 개념을 명확히 제시하였다. 다른 나라는 주권 국가의 내정에 간섭할 수 없는 '내정 불간섭의 원칙'이 국제규범으로 성립되었다. 이후 약 200년이 지난 19세기 중반, 민족국가(Nation State)가 보편적인 형태로 자리 잡기 시작하면서부터 국가는 소위 '주권을 가진 민족국가'라는 더욱더 단단한 당구공처럼 변해갔다.

국제기구는 '주권을 가진 민족국가'의 등장 이후, 주권국가들 사이의 빈 곳을 채우기 위해 등장하였다. 국제체제가 국가 중심으로 형성되고 작동되는 상황에서 국가의 영역을 넘어서는 과업이나 국가 간 틈새에 속하는 활동, 그리고 국가 자체로서는 추진하기 힘든 일들을 수행하기 위해 국가의 보완적이고 추가적인 메커니즘으로 국제기구가 생겨났다고 할 수 있다.

국제기구의 발달 과정을 보면, 각기 다른 세 가지 흐름이 따로 나타나다가 오늘날의 유엔에서 하나로 합쳐지는 것을 보게 된다.

가장 먼저 등장한 것이 강대국 외교의 전통이다. 나폴레옹의 몰락 이후 전후 처리를 위해 소집된 1815년 빈 회의는 강대국 외교의 전형이다. 당시 강대국들이 빈에 모여 나폴레옹이 점령했던 유럽을 어떻게 다시 나눌 것인가를 논의했다. 이러한 강대국 다자외교의 전통은 유엔 창설시 안전보장이사회에 반영되어 오늘날 우리가 알고 있는 상임이사국 5개국의 거부권(Veto)으로 나타났다.

두 번째로 등장한 것이 비정치적, 기능적 일을 담당하는 소위 국제기능기구이다. 1815년에 창설된 라인 강 항해를 위한 위원회(Central Commission for Navigation of the Rhine)는 프랑스, 독일, 네덜란드, 스위스 등 라인 강 주변의 국가들이 한 나라가 할 수 없는 라인 강 항해와 유역 관리를 위해 만들어진 국제기능기구이다. 이런 사례는 다뉴브 강에서도 발견할 수 있다. 다뉴브 강 주변의 국가들은 1856년에 유럽 다뉴브위원회를 창설하였다. 1865년 국제전신연합(International Telegraphic Union)이 창설된 것이나, 1874년 만국우편연합(Universal Postal Union)이 창설된 것도 주권국가들이 하지 못 하는 일을 하기 위해 국제기능기구가 창설된 좋은 사례이다. 이러한 국제기능기구는 유엔 창설 시 유엔 전문기구(Specialized Agency)로 나타났다. 유니세프(UNICEF), 유엔개발계획(UNDP), 세계식량프로그램(WFP) 같은 Program and Fund도 이런 기능적 국제기구의 일부이다.

세 번째로 등장한 것이 1국가 1표의 평등한 회의외교 전통이다.

1899년에 개최된 제1차 헤이그 평화회의, 그리고 1907년에 개최된 제2차 헤이그 평화회의는 역사상 처음으로 1국가 1표를 표방한 평등한 국가들간의 국제회의였다. 이 전통은 유엔 창설시 유엔 헌장에 반영되었고, 유엔 총회의 1국 1표 주의 원칙으로 나타났다.

이처럼 서로 다른 세 가지 원칙과 전통이 1945년 유엔 창설 시 절묘하게 혼합되어 오늘날 유엔이 탄생하였는데, 필자가 보기에는 이러한 일면 모순적이고 이율배반적인 다양한 원칙과 전통이 유엔에 반영된 것이 역설적으로 유엔이 국제연맹처럼 실패하지 않고 70여 년 이상 존속하게 된 성공의 비밀이 아닐까 유추해 본다. 국제정치의 현실주의, 기능주의, 이상주의가 오늘날 유엔 내에 공존하고 있다.

오늘날 유엔은 세계의 평화, 발전, 인권을 3대 사명(Mission)으로 활동하고 있다. 이러한 사명을 달성하기 위해 유엔은 다양한 기능과 역할을 수행한다. 국제기구의 제반 기능과 역할을 보나 추상화하고 범주화하여, ①정보 기능(informational function) ②규범적 기능(normative function) ③규칙 창출 기능(rule-creating function) ④규칙 감시 기능(rule-supervisory function) ⑤운용 활동 기능(operational function) 등 다섯 가지로 분류하기도 한다.[4] 이러한 다섯 가지 기능에 '조정 기능'과 '토론장 기능'을 덧붙여 일곱 가지 기능을 제시하기도 한다.[5] 유엔전문기구에 초점을 맞추어 ①정보교류 기능 ②국제적 표

4) Harold K. Jacobson, *Networks of Interdependence: International Organizations and the Global Political System*, 2nd edition(New York: Alfred A. Knopf, 1984), pp. 81-84.
5) 박재영, 「국제기구정치론」(서울: 법문사, 1998), pp. 147-149.

준화 기능 ③기술지원제공 기능의 세 가지를 제시하기도 한다.[6]

이러한 분류를 참조하여 국제기구의 역할과 기능을 필자 나름대로 정리해 보면, 첫째, 분쟁과 갈등의 중재 및 조정 기능, 둘째, 기술 및 재정 지원(technical and financial assistance) 기능, 셋째, 정책 조정 기능, 넷째, 글로벌 의제의 설정 기능, 다섯째, 규범(norm) 제정 기능, 여섯째, 보편화·표준화 기능 등으로 요약해 볼 수 있다. 다섯 번째의 규범 제정 기능과 여섯 번째의 보편화·표준화 기능은 유사한 기능으로서 하나로 묶을 수도 있으나 규범 제정 기능이 더 법적 기능이라면, 보편화·표준화 기능은 문화적, 인식적, 윤리적 차원의 기능이라는 차이를 지니고 있다고 점에서 따로 구별할 수 있겠다.

여기에서는 이들 국제기구의 여섯 가지 기능 중 글로벌 의제 설정 기능에 초점을 맞추어 이를 좀 더 자세히 살펴보고자 한다.

3. 글로벌 의제는 어떻게 설정되는가?

먼저 이슈(issue)와 의제(agenda)를 구분해보자. 이슈란 정치 사회적인 논쟁거리를 의미하며, 의제는 이러한 이슈가 공론의 장에 상정되어 논의되는 것을 의미한다.

의제 설정(agenda setting) 개념은 원래 커뮤니케이션 분야에서 나

||||||||||||||||||||||||||||||||||||||||||||||||

6) Douglas Williams, *The Specialized Agencies and the United Nations: The System in Crisis*(London: Hurst & Company, 1987), p. 3.

온 개념으로 신문이나 방송이 사적인 개별적 사건을 사회적 의미를 지니는 공적인 사건으로 공론화하는 작용을 일컫는 용어이다. 예를 들면, 어떤 사건을 편집자의 판단과 의도로 신문의 1면 톱으로 정할 경우 이를 의제 설정이라고 하는데, 이러한 의제 설정 행위는 중요한 정치적, 사회적 영향력을 갖게 된다.

국제정치와 국제기구에서 '의제 형성을 둘러싼 정치'(politics of agenda formation)는 탈 냉전 시기가 도래하기까지 주목을 받지 못했다. 냉전시기 국제정치의 주요 의제는 모두 이데올로기적 대립의 틀 내에서 결정되었을 뿐만 아니라, 정치, 안보 문제가 항상 세계적 주요 의제였기 때문에 의제 선정과 의제 형성이 정치적 이슈가 될 수 없었고, 특히 미국과 소련이라는 양 강대국이 국제사회를 양분하고 있는 상황에서 국제적 이슈는 이들 양 강대국의 국제정치적 판단에 의해 결정되는 것이 그 동안의 관례였다. 또한 유엔과 같은 국제기구도 이들 양 강대국의 유엔 정책 내지 국제기구 외교 정책에 의해 움직여졌으며, 유엔이나 여타 국제기구가 독자적으로 행동하는 일은 매우 드물었다. 따라서 냉전 시기에 누가 국제적 이슈를 제기하고 누가 이를 추진, 마무리하는가에 대해 의문을 제기할 필요성을 못 느꼈다. 즉 국제기구가 세계적 의제의 형성과 설정의 주요한 장이었지만 '의제 형성을 둘러싼 정치'는 거의 존재하지 않았다고 할 수 있다.

그러나 냉전 질서가 무너지고 새로운 국제 질서가 등장한 이후에는 누가 세계적 의제를 제기하고, 무엇 때문에 이러한 의제가 제기되며, 이러한 세계적 의제의 정치적 함의가 무엇인지를 파악하는 것이 새로운 정치적 의미가 있게 되었다. 말하자면 국내정치에 있어 이익의 결집, 이익의 제기, 이익의 표출과 같은 정치 과정이 국내 권력 관계와 구조를 분석하는데 있어 중요한 의미를 지니는 것과 마찬가지로 국제사회에 있어서도 의제의 형성과 제기의 정치 과정을 분석하는 것이 국제 권력 관계 및 구조를 파악하는 데 있어 매우 중요한 의미를 지니게 된 것이다.

1990년대 이후 새로운 국제 질서는 냉전 질서와는 다른 두 가지 특징적 모습을 보여주었다. 첫째, 냉전 시대에는 주로 군사, 안보, 이데올로기 등 상위정치(high politics)에 제한되었던 주요한 세계 이슈들이, 새로운 국제 질서 하에서는 환경, 생태, 인권, 빈곤, 인구, 성차별, 교육, 문화 등 이전에는 전혀 고려의 대상이 되지 않았던 하위정치(low politics)로 다양화되는 현상을 보여 주고 있다는 점이다. 둘째, 냉전 시대에 국가가 유일한 국제 사회의 행위자였던 것과는 달리, 새로운 국제 질서 하에서는 국제비정부기구, 시민사회단체, 민간 기업 등 다양한 행위 주체들이 국제 사회의 주요 행위자로 등장하였다는 점이다.

구체적 사례를 보면 1990년 문맹퇴치를 위한 세계교육회의, 1992년 리우 유엔 환경개발회의(UNCED), 1993년 빈 세계인권회의, 1994년의 카이로 세계인구회의, 1995년의 코펜하겐 세계사회개발 정상회담, 베이징 세계여성회의 등 1990년대 들어 개최된 주요한 일련의 세계정상회의는 모두 교육, 환경, 인권, 인구, 빈곤, 여성 등 하위정치를 주제로 하였으며, 이러한 세계적 문제를 해결하기 위해 유네스코, 유엔개발계획, 유엔환경계획, 유엔인구기금 등 유엔 기구가 중심이 되어 세계 각국의 정상을 초청하고, 주제를 세계적 의제로 부각하면서, 관련 국제기구의 위상과 영향력도 강화하였다.

이러한 의제 설정을 둘러싼 정치과정은 국가가 해결할 수 없는 범세계적 문제에 대해 국제기구라는 또 다른 행위자가 역할을 수행하고, 문제의 해결을 가능케 한다는 긍정적 효과와 함께, 국제기구의 위상 강화와 역할의 증대도 가져왔다.

이처럼 의제 설정 과정은 오늘날 국제기구의 새로운 중요한 정치 행위로 간주하고 있다. 맨스바흐와 바스케스(Richard W. Mansbach and John A. Vasquez)는 이러한 이슈의 정치에 일찍 눈을 뜨고 1981년 '이슈 패러다임'을 제시하였다.[7] 이들은 이스턴(David Easton)의 '가치의 권위적 배분'이라는 정치에 대한 정의를 빌려와 국제정치를 각 이슈에 있어 가치의 권위적인 배분을 위한 집단적 결정을 위한 투쟁으로 해석하였다. 이들은 국가는 더는 유일한 중요한 행위자가 아니며, 국제정치의 행위자는 이슈에 따라 변한다고 보았다. 또한 모든 개이 혹은 집단이 행위자가 될 수 있고, 국가는 상호 의존적이고 상호 침투되어 있어 국내정치와 국제정치의 구별은 더는 유용하지 않다는 입장이다.

이들이 다루는 문제는 세계적 이슈가 어떻게 형성되고, 어떻게 세계적 정치의제가 되는가 하는 '의제 정치'(agenda politics)[8]의 문제이

---

7) 이하 이슈 패러다임에 관한 설명은 Richard W. Mansbach and John A. Vasquez, *In Search of Theory: A New Paradigm for Global Politics*(New York: Columbia University Press, 1981) 및 박재영, 「국제정치 패러다임」, 제3장 제7절 이슈 패러다임 pp. 380-386 참조.

8) 의제정치(agenda politics)에 관해서는 Richard W. Mansbach and John A. Vasquez, *op. cit.*, 제4장 Agenda Politics, pp. 87-142 참조.

다. 이들에 따르면 이슈는 행위자에 의해 생성되기도 하고 환경으로부터 생성되기도 한다고 한다. 즉 행위자의 목적 의식적인 행위에 의해 이슈가 창출될 수도, 폐기 될 수도 있을 뿐만 아니라 과학 기술의 발달이나 전염병, 지진, 오염 등과 같은 재난에 의해서도 이슈가 창출된다고 한다.

그러나 이러한 이슈들이 모두 의제화 되는 것은 아니며 첫째, 이슈 자체의 중요성이 높은 '결정적인 이슈'(critical issue)와 둘째, 행위자의 의도적인 노력으로 타 행위자에게 영향력을 행사하여 의제화 하는 두 가지 방법이 있다고 한다.

이러한 이슈들은 의제로 채택되고, 소멸하는 사이클을 가지고 있는데, 이슈가 발생하면 먼저 '위기'의 단계를 맞게 되고, 이어서 처리 패턴이 제도화되는 '관례화(ritualization)의 단계'를 거쳐 '이슈의 소멸 단계'에 이르게 된다. 이슈의 소멸은 의제가 해결되어 소멸되는 경우와 동면 상태에 빠져 잠복하거나 잊혀 버리는 경우로 나누어진다.

의제 설정의 정치는 의제 설정 자체가 정치적 작용이라는 관점에서 유엔, 유네스코 같은 국제기구의 정치적 기능을 설명하는 데 매우 중요한 역할을 한다. 특히 2001년의 새천년개발목표 채택과 2015년의 지속가능발전목표 채택은 유엔 채택 과정 자체를 의제 설정의 정치로서 분석해야 하는 대표적 사례이다.

세계시민교육의 글로벌 의제 설정 과정

1. 세계교육우선구상(GEFI) 발표
2. 유네스코
   - 인터뷰 – 최수향 전 유네스코 평화·지속가능발전국장
3. 한국 정부 – 교육부와 외교부
4. 아시아태평양 국제이해교육원(APCEIU)
5. 세계시민교육 전문가 회의
6. 제1회 유네스코 세계시민교육 포럼
7. 오만 무스카트 글로벌 EFA 회의(Global EFA Meeting: GEM)
8. 아태지역 교육회의와 제2회 유네스코 세계시민교육 포럼
9. 인천 유네스코 세계교육포럼(World Education Forum)
10. 유엔 공개작업단(Open Working Group: OWG) 회의
11. 제70차 유엔 총회와 지속가능발전목표(SDGs) 정상회의
12. 제38차 유네스코 총회와 Education 2030
13. 평가: 세계시민교육의 SDGs 포함 의의

세계시민교육(Global Citizenship Education: GCED)은 2015년에 채택된 유엔 지속가능발전목표(SDGs)의 하나인 SDG 4번 교육의 일곱 번째 세부목표에 포함되어 있다. 영어로는 Global Citizenship Education 혹은 Education for Global Citizenship이라고 표기한다. Global Citizenship이라는 영어 단어를 한국에서는 '세계 시민성' 혹은 '세계시민 의식'이라고 번역하여 사용한다. 또한 Global Citizen이란 용어는, 한국에서 '세계시민'이라고 번역하여 사용한다. Global Citizenship Education을 한국에서는 세계시민교육이라고 번역하여 사용하고 있지만, 일본에서는 지구시민교육(地球市民教育)으로 번역하고 있으며, 중국에서는 전구공민도덕교육(全球公民道德教育)으로 번역하여 사용한다.

오늘날 사용하는 Global Citizen과 Global Citizenship이란 용어와 유사한 의미를 가진 용어, 사상, 철학을 찾아보면, 고대 그리스와 로마 시대, 근대 유럽의 코스모폴리타니즘(Cosmopolitanism)으로 연결된다. 고대 그리스의 디오게네스가 세계시민(Cosmopolites)이란 용어를 사용했다고 기록에 남아 있으며, 로마시대의 스토아학파가 사해동포주의(四海同胞主義)로 번역되는 코스모폴리타니즘의 사상을 설파했다고 전해진다. 그리고 근대 유럽에서 특히 계몽사상가들이 코스모폴리타니즘을 제창하였다. 이러한 코스모폴리타니즘의 전통이 20세기 초에 국제연맹의 창설을 가져왔고, 제2차 세계대전을 겪고 유엔을 창설하는 바탕이 되었다. 그리고 오늘날까지 이어져 Global Citizenship으로 나타났다고 보는 것이 필자의 견해이다.

2015년 유엔이 채택한 지속가능발전목표에 세계시민교육이 포함되게 된 근원(近源)은 2012년 9월 반기문 유엔 사무총장이 주창한 세계교육우선구상(Global Education First Initiative: GEFI)[9]이다. 세계교육우선구상의 주요 내용 중에 이제는 '세계시민을 양성'할 때라는 조항이 나오는데, 이것이 3년 후인 2015년 9월 유엔에서 채택되어 SDG 4.7에 포함되었고, 이를 계기로 전 세계에 세계시민교육이 소개되고 확산하였다.

그러나 세계시민교육의 근원(根源)을 찾아 거슬러 올라가면 앞에서 설명한 것처럼 서구 코스모폴리타니즘에서 그 뿌리를 찾을 수 있다. 다만 1945년 유엔 창설 이후부터 근거를 찾는다면, 1946년 유네스코 창설 이래 유네스코가 추구해온 국제이해교육이 세계시민교육의 뿌리라고 할 수 있다. 세계 평화를 위해 다른 문화 간 이해와 인권 존중, 환경 보호를 주요 내용으로 한 국제이해교육은 유네스코 학교(UNESCO Associated School)[10]를 중심으로 피저나갔다. 국제이해교육이란 줄기에서 2000년대 들어 지속가능발전교육(Education for Sustainable Development: ESD)이 뻗어 나오고, 2015년 이후 세계시민교육이 새롭게 등장한 것으로 설명할 수 있다.

이 글에서는 세계시민교육의 글로벌 의제 설정 과정을, 교육을 담당하는 유엔 전문기구인 유네스코와, 지속가능발전목표를 총괄하는

---

9) 세계교육우선구상(Global Education First Initiative: GEFI)에 관해서는 다음 참조.
http://www.unesco.org/new/en/gefi/home/

10) 유네스코학교에 대해서는 다음 참조. https://aspnet.unesco.org/en-us/

유엔을 중심으로 살펴보고자 한다.

1. 세계교육우선구상(GEFI) 발표

2012년 6월 반기문 유엔 사무총장과 이리나 보코바 유네스코 사무총장은 대한민국 여수에서 개최된 여수 엑스포에 참석하였다. 여수 엑스포 참석 후 반기문 유엔 사무총장과 이리나 보코바 유네스코 사무총장은 함께 동티모르를 방문하였다. 동티모르에서 반기문 사무총장은 '세계교육우선구상'(Global Education First Initiative: GEFI)을 처음 밝혔다.

이 구상은 2012년 9월 유엔에서 유엔 사무총장의 이니셔티브로 정식 제안되었다. 유엔 사무총장 이니셔티브로는 코피 아난 유엔 사무총장의 글로벌 콤팩트(Global Campact)가 대표적이다. 오늘날도 잘 운영되고 있는 유엔 글로벌 콤팩트는 유엔이 인권, 환경, 노동 규범을 잘 지키는 민간 기업을 인증해 주고, 회원사로 받아들이는 프로그램이다. 많은 세계적 민간 기업들이 유엔 글로벌 콤팩트의 회원이 되기 위해 노력한다. 반기문 유엔 사무총장은 교육이 무엇보다도 중요하다는 세계교육우선구상을 유엔 사무총장 이니셔티브로 발표하였다. 세계 평화와 안전, 번영과 발전, 인권을 주 임무로 하는 유엔이 교육 문제를 사무총장 이니셔티브로 선포한 것은 유엔 역사상 처음 있는 일이었다. 반기문 유엔 사무총장의 가장 큰 업적은 바로 교육을 유엔의 주요 의제로 만든 것이라고 필자는 생각한다.

'교육이 우선'이라는 세계교육우선구상은 첫째, 모든 어린이는 학교를 다녀야 하고, 둘째, 교육의 질을 높여야 하며, 셋째, 세계시민 의식을 함양해야 한다는 세 가지 요소로 구성되어 있다. 첫 번째와 두 번째는 이미 기존의 '모두를 위한 교육'(Education for All)에 언급된 것으로 새로울 게 없다. 세계교육우선구상에서 새로운 제안은 세 번째인 '세계시민 의식을 함양하자'는 소위 '세계시민교육'이다.

어떻게 세계시민교육이 세계교육우선구상에 담기게 되었는지는 자세히 알려지지 않았다. 그러나 1990년대 이후 세계화의 진전으로 세계를 하나의 단위로 생각하는 움직임이 확산하면서 자연스럽게 세계시민이라는 개념이 학술, 교육 분야에 나타났고, 이러한 흐름이 자연스럽게 반영된 것으로 추측할 수 있다. 또한 반기문 사무총장은 2012년 10월에 유네스코 집행 이사회에 참석하여 유네스코 집행 이사들 앞에서 왜 세계교육우선구상을 주창하게 되었는지를 소상히 설명하였다. "한국전쟁으로 폐허가 된 학교 운동장에서 유엔과 유네스코가 지원한 교과서로 공부를 계속 했고, 이러한 어려움 속에서 중단 없이 교육을 받은 덕분에 오늘날 유엔 사무총장이 될 수 있었다."는 개인적 경험을 소개하면서, "이제는 유엔 사무총장으로서 세계의 빈곤국들에게 교육을 통해 발전을 이룩한다는 생각으로 세계교육우선구상을 주창한다."는 연설이었다. 필자도 마침 회의장에서 연설을 들을 기회를 가졌는데, 반기문 사무총장의 본인 경험에서 나온 감동적 연설에 대해 그 자리에 있던 유네스코 집행 이사들과 유네스코 직원들은 열광적인 공감의 박수로 이에 화답하였다. 이 연설을 통해 반기문 사무총장이 세계교육우선구상과 세계시민교육을 주창하게 된 연유를 조금이나마 짐작해 볼 수 있다.

　유엔은 세계 평화, 발전, 인권을 3대 미션으로 주로 활동하기 때문에 유엔에는 교육 문제를 다룰 전문가들이 거의 없다. 그래서 반기문 사무총장은 교육 문제를 유엔 교육 전문기구인 유네스코와 협력하여 추진하고자 하였다. 이런 이유로 당시 반기문 사무총장은 유엔 내에 '세계교육우선구상'(GEFI) 사무국을 신설하면서 유네스코에 담당 인력의 파견을 요청하였고, 실질적 운영을 유네스코에 맡겼다. 유네스코는 유엔 세계교육우선구상 사무국에 유네스코 직원을 파견하여 세계교육우선구상 업무를 하도록 하였는데, 주된 사업이 청소년 중심 사업 - GEFI YAG(Young Advocacy Group) - 이었다. 한국은 아시아태평양국제이해교육원(Asia Pacific Center of Education for International Understanding: APCEIU)[11]를 통해 GEFI 활동에 적극적으로 참여하였다. 2015년 3월 부산시 금정구에서 제1회 GEFI YAG 회의를 개최하였으며, 2016년 7월 제2차 GEFI YAG 회의도 부산외대에서 개최하였다. 이후 아태교육원은 매년 이 행사를 주관하고 있다.

　세계교육우선구상을 통해 전 세계의 관심을 끌게 된 세계시민교육은 이후 유네스코와 유엔의 주요 회의를 거치면서 글로벌 의제로 등장하게 된다.

----

11)　아시아태평양국제이해교육원을 이후 아태교육원으로 줄여서 표기하고자 한다.

2. 유네스코

반기문 사무총장으로부터 세계시민교육에 대한 주도적인 역할을 요청받은 유네스코는 이에 적극적으로 부응하여 2012년 말경에 평화·지속가능발전교육국 산하에 세계시민교육을 담당할 과(課)를 신설하였다. 이를 총괄하던 유네스코 평화·지속가능발전국 최수향 국장은 세계시민교육을 새롭게 추진할 다양한 사업을 구상하였는데, 첫 번째 사업으로 세계시민교육 전문가들을 한자리에 모아 과연 세계시민교육이 어떤 뜻과 내용을 가졌는지를 논의하는 국제회의를 구상하였다.

유네스코는 1984년 미국의 유네스코 탈퇴로 재정적 위기를 맞았고, 2000년대 초 미국이 재가입 했지만, 2011년에 팔레스타인의 유네스코 가입을 계기로 미국이 분담금을 내지 않아 만성적 재정위기에 처해 있었다. 사업비는 회원국들의 자발적 기여금, 신탁기금 등으로 충당했다. 이런 재정적 어려움 속에서 유네스코는 전 세계 파트너 기관들 중에서 세계시민교육을 함께 추진할 공신력 있는 기관을 찾고 있었다. 마침 국제이해교육분야에서 10여 년 활동을 해 온 아태교육원에 세계시민교육 전문가 회의 개최를 제안하였다. 그리고 아태교육원도 유네스코의 제안에 적극적으로 호응하여 첫 번째 세계시민교육 전문가 회의를 2013년 9월 대한민국 서울 신도림 아태교육원에서 개최하게 되었다. 이 회의가 성공리에 마무리됨에 따라 2013년 이후 유네스코는 아태교육원이라는 좋은 파트너를 적극 활용하여 함께 많은 세계시민교육 사업을 펼쳐 나갔다.

2013년 12월 유네스코 주최로 태국 방콕에서 개최된 제1회 유네스코 세계시민교육 포럼에 아태교육원은 공동 주최 기관으로 참여하여 아태교육원 주관 세션을 별도로 개최하였다. 이어서 2014년에 시작하여 2015년에 유네스코가 발간한 *Global Citizenship Education: Topics and Learning Objectives*(세계시민교육 교수학습 길라잡이)에도 적극적으로 참여하였다. 이 책자의 뒤 표지를 보면 유네스코 발간, 아태교육원 후원(with the support of APCEIU)이라고 인쇄되어 있다.

2015년 1월 말에 파리 유네스코 본부에서 개최된 제2회 유네스코 세계시민교육 포럼에서는 전 세계 세계시민교육 데이터 베이스인 〈유네스코 세계시민교육 Clearing House〉를 아태교육원에 설립하는 출범식을 열었다. 그리고 이 〈유네스코 세계시민교육 Clearing House〉는 계속적으로 아태교육원이 관리, 운영해오고 있다.

유네스코는 아태교육원과 함께 2017년 6월 28~29일 서울 롯데호텔에서 〈민족주의와 세계시민교육〉 국제회의를 개최하고 *Global Citizenship Education and the rise of nationalist perspectives: Reflections and possible ways forward*를 발간했다. 이어 세계시민교육의 철학을 각 문명권의 현지 철학에서 발견하고, 이와 접목해야 한다는 필자의 아이디어를 바탕으로 유네스코는 세계시민교육 현지화 연구 프로젝트를 아태교육원과 함께 추진하여, 2018년에 *Global Citizenship Education: Taking it local*이라는 책자를 발간하였다.

2013년부터 2018년까지 유네스코와 아태교육원은 상호 신뢰하는 파트너로서 세계시민교육에 관한 사업을 공동으로 펼쳐 왔다고 평가할 수 있다.

유네스코는 *The ABCs of Global Citizenship Education*이라는 세계시민교육 기본 안내 팜플렛과 *Global Citizenship Education: Preparing learners for the challenges of the 21st century*(글로벌 시민교육: 21세기 인재 기르기) 등 다양한 세계시민교육 관련 자료를 발간하였으며, 매 2년마다 개최하는 유네스코 세계시민교육 포럼을 꾸준히 개최하는 등 자체적으로 세계시민교육 사업의 성과를 축적해왔다. 제3회 유네스코 세계시민교육 포럼은 2017년 캐나다 오타와에서 개최했으며, 제4회 포럼은 2019년 베트남 하노이에서 개최하였다.

인터뷰

최수향 전 유네스코 평화·지속가능발전국장 (2021년 10월)

■ **세계시민교육(Global Citizenship Education)이란 용어는 언제부터 유네스코에서 사용하게 되었는지요?**

세계시민교육(Global Citizenship Education)이란 용어를 유네스코에서 사용하게된 것은 세계교육우선구상(GEFI)이 나온 이후입니다. 그러나 2013년 9월 아태교육원에서 저희가 처음 세계시민교육 전문가 회의를 했을 때 학자들이 발표한 바에 의하면, 그 전에도 이미 Global Education이라는 말은 많이 쓰였고 그 외에도 Global Citizenship Education과 비슷한 용어들이 많이 쓰이고 있었다고 해요.

■ 유네스코에서 2012년 세계교육우선구상 이후 세계시민교육을 시작하게 된 과정을 구체적으로 설명해 주시지요

세계교육우선구상의 내용을 보시면 그 첫 번째, 두 번째는 교육에의 접근(access), 교육의 질(quality) 문제로 모두를 위한 교육(EFA)과 연속선상에 있는 것이고, 그래서 당연히 유네스코가 관여해야 되었고, 세 번째, 세계시민교육도, 말만 새로운 세계시민교육이지 사실 저희가 유엔 하에서 전통적으로 그동안 해오고 있던 평화교육과 국제이해교육에 관련되는 내용이거든요. 그래서 그것을 저희가 관여를 하게 되었지요. 그리고 또 세계교육우선구상이 발표되고 나서 뉴욕에서 구성한 고위급 패널에 유네스코 사무총장이 들어가게 되면서 유네스코가 당연히 관련을 하게 되었지요. 그런데 세계교육우선구상이 발표되기 전부터 뉴욕에서 준비하는 과정에서 유네스코에 이미 자문을 구한 것으로 알고 있습니다. 첫 번째, 두 번째 뿐만 아니라 세 번째 세계시민교육이라고 나온 것에 대해서도 우리가 그런 말을 사용하지는 않았지만 평화의 문화(culture of peace), 국제교육(international education) 등을 많이 해 왔기 때문에 저희가 그런 관련 내용의 자료들을 보내 드렸지요. 그러나 유네스코가 세계시민교육이라는 말을 만들어서 보내드린 것은 아니예요.

■ 이때 유네스코 내부에서는 어떤 입장이었는지요, 반대 의견도 있었나요? 그리고 세계시민교육에 대해 어느 정도 미래 확장력이 있는 의제로 생각하셨는지요?

내부 반대라기보다도, 처음에 제가 그걸 담당하는 국(局)의 국장이라서 조직에서 이 사업을 맡으라고 했을 때, 이미 그동안 저희가 다른 이름을 써서 해오고

있던 내용하고 거의 흡사한 내용인데 또 새로운 말이 하나 나왔다고 해서 마치 새로운 것처럼 해야 하느냐고, 제가 질문을 한 적은 있지요. 미래의 확장력은 저 개인적으로는 그렇게 보지 않았는데 그 이후에 많은 관심을 갖게 된 배경에는 2013년 이후 국제적으로 테러 사건들이 많았잖아요. 그런 사건들이 일어나고 서로 갈등과 긴장이 고조되면서 우리가 인종이나 종교의 차이와 상관없이 정말 이 세계에서 같이 살아가는 시민으로서 서로 같이 돕고 살아가야한다는 세계시민 개념에 많은 사람들이 공감하였지요. 그리고 지구환경문제도 있고, 국제 정세로 인해 호의적인 배경이 조성된 것도 있지요. 그래서 아마 처음에 모든 사람들이 생각했던 것보다 더 많은 사람들의 관심을 받게 된 것이라 봅니다.

■ 세계시민교육이 SDGs에 포함될 것으로 생각하셨는지요?

세계시민교육이 SDGs에 포함될 것이라고는 저희 내부적으로는 생각 못했지요. 왜냐하면 SDGs에 포함되기 위해서는 물론 그 개념도 중요하고 추구하는 바의 중요성도 필요하지만, 저희는 내부적으로 이게 측성(measurement)이 안되면 SDGs 안에 들어가지 못한다는 걸 알고 있었기 때문에 회의적인 입장이었죠.

■ 세계시민교육 추진 과정에서 특별히 기억에 남는 사건이나 인물이 있다면 말씀해 주시지요. 또 도움이 되었던 교육학자나 전문가, 국제 기관, 국제시민사회단체는?

한국 정부에서 많은 도움을 줬고, 한국 정부의 도움이 아태교육원을 채널로 해서 나타났지요. 이런 아태교육원의 세계시민교육 활동이 전 세계적으로 관심이 없는 나라에까지도 이것에 관심을 갖게 하는 데 도움이 되었지요.

■ 세계시민교육 추진 과정에서의 어려웠던 점은?

추진하는 과정에서 어려웠던 점은 많은 사람들이 이게 뭐냐고 그 개념에 대한 정의를 물어 볼 때 였습니다. 이 개념은 학문적으로 누구도 반박할 수 없는 정의를 내리기 힘든 개념이예요. 그러나 Global Citizenship이라고 했을 때 그것이 의도하는 바를 사람들이 이해 못하는 것은 아니예요. 그래서 저는 이런 새로운 개념이 나왔을 때 그걸 학문적으로 접근하기 보다 그것이 의도하는 바가 무엇이라는 것을 깨닫고 그걸 구체화하려는 노력이 더 필요하다고 생각합니다. 예를 들어 평화를 정의하라고 하면 누구나가 받아들일 수 있는 정의를 누가 내릴 수 있겠어요. 그러나 평화와 관련된 프로그램을 만들 때 그것이 의도하고자하는 것을 이해 못하는 사람들은 없지요.

■ 세계시민교육의 한계, 문제점, 생각하기에 아쉬운 점은?

이 Global Citizenship이라는 용어 자체가 새롭고 그래서 새로움에 혹하는 사람이 있는가 하면, 그 전에 같은 내용을 다른 용어로 해왔던 사람들은 이 새로운 용어에 대한 저항성이 있어요. 그래서 저희는 꼭 Global Citizenship이라는 용어를 강요하지 않았어요. 평화교육이라고 어느 나라에서 쓰고 있으면 평화교육이라고 해도 된다고 이야기했고, 국제이해교육이라고 하면 국제이해교육이라고 해도 좋고, 용어에 그렇게 집착하지 말라는 메시지를 많이 보냈어요. 그래서 용어가 새로워서 모든 사람들의 관심을 받은 것도 있지만 한편으로는 용어 때문에 저항을 받은 것도 없지 않아 있어요.

■ 세계시민교육에 개인적으로 관심, 애정을 갖게 된 계기 혹은 특별한 이유는?

그것이 나왔을 때, 우연히 제가 그것을 담당하는 국(局)의 국장으로 있었고, 그 다음에 국(局) 내에서 이것을 담당하는 부서의 과장급 담당자가 상당기간 공석으로 있어서 국장인 제가 본의 아니게 직접 나서서 추진하게 된 일 중의 하나였죠. 그렇게 하다보니까 다른 분야보다 제가 조금 더 적극적으로 나서서 하게 됐죠.

■ 향후 세계시민교육이 나아갔으면 하는 방향, 바램은?

국제사회에서 어떤 개념이 하나 발표되면 거기에 대한 인기가 올라가고 그러면 또 그걸 지지하는 그룹이 생깁니다. 지지 그룹이 생기는 건 좋은 데 그걸 지지하지 않는, 혹은 그 용어 자체를 받아들이지 않는 사람들과는 반감이 생기지요. 그래서 저는 Global Citizenship이 추구하고자 하는 내용이 중요한 것이지, Global Citizenship이라는 그 용어 자체를 특정 브랜드화 하는 것은 지양해야 된다고 생각합니다. 그것은 오히려 세계시민교육 개념이 의도하고자 하는, 서로 더불어 살고자하는 것에 반하는 상황을 초래하지요.

■ 향후 지속가능발전교육(ESD)과 세계시민교육(GCED)이 상호 더 나은 방향으로 협력하거나 하나로 합쳐질 수 있을런지요?

제 경험으로 봐서는 용어가 하나 나오면 그게 사라질 수는 있는데, 필요에 의해서 다른 용어와, 혹은 다른 용어의 개념과 합해지는 경우는 거의 못 봤어요. 다만 시간이 지나고, 세계 상황이 변하면 또 새로운 용어가 나오겠죠. 새로운 용어가 나온 상황에서 그게 ESD를 포함하는, 혹은 GCED를 포함하는 개념이 될 수 있을지는 모르겠으나 지금의 ESD와 지금의 GCED가 서로 협력을 하거나 하나로 합쳐질 것 같지는 않아요.

3. 한국 정부 – 교육부와 외교부

유네스코가 첫 번째 모두를 위한 교육(EFA) 국제회의를 1990년 태국 좀티엔에서 개최하고, 두 번째 회의를 2000년 세네갈 다카르에서 개최하였다. 세 번째 회의를 2015년경 개최할 예정이라는 소식을 2010년경 유네스코 집행 이사회 참석시 우연히 알게된 필자는 유네스코에서 가장 중요한 EFA 회의를 한국에서 개최했으면 좋겠다는 생각을 했다. 2010년 초에 독립 상주대표부로 재개설된 주 유네스코 대한민국 대표부의 장기원 대사에게 이런 정보를 공유하며 한국이 유치했으면 좋겠다고 건의했다. 장기원 대사도 이 회의의 중요성을 감지하고 파리에서 유치에 앞장서기로 하고, 필자는 귀국해서 한국에서 유치가 가능하도록 하겠다고 언약했다. 귀국후 당시 유네스코한국위원회 전택수 사무총장에게 유치 필요성을 설명하여 동의를 받았고, 이후 전택수 사무총장은 적극적으로 이주호 교육부 장관에게 건의하여 동의를 받았다. 한국은 교육부 장관 명의로 유치 의사를 표명하는 장관 서신을 유네스코 이리나 보코바 사무총장에게 보냈고, 유네스코 이리나 보코바 사무총장도 한국에 감사한다는 답장을 보냈다. 그러나 이후 아무런 공식적인 후속 조치없이 한국이 주춤하는 사이에 태국 정부가 유치 의사를 표명하였다. 이 소식을 접한 필자는 다시 한국 교육부에 유치하겠다는 최종 공식 답신을 발송해 줄 것을 건의했고, 우여곡절 끝에 2012년 이주호 교육부 장관의 공식 유치 편지가 발송되어, 한국 개최가 확정되었다.

당시 한국은 세계 물 포럼을 2015년에 개최하기로 하는 등 국제회의 유치가 많아, 국내에선 국제회의 개최에 대한 비판 여론이 적지 않았다. 회의를 유치한 교육부로서는 이러한 비판 여론을 잠재울 합당한 대책이 필요했다. 그래서 2013년부터 교육부를 중심으로 2015년 인천 유네스코 세계교육회의에서 한국이 회의 장소만 제공할 것이 아니라 회의의 의제도 주도하자는 방안이 나왔다. 그리하여 교육부, 한국교육개발원, 한국교육학술정보원, 유네스코한국위원회, 아태교육원, 교육학자와 전문가들이 참석하는 사전 협의회기 여러 사례 개최되었다. 협의회에서는 한국이 잘하고 있는 교육정보화 사업을 강조하자는 의견에 대체로 합의하였다. 필자는 한국이 주도하여 세계시민교육을 의제에 넣자고 주장하였는데, 아마도 세계시민교육 개념이 생소하기도 하고, 실현가능성에도 의구심이 있어서인지 참가자 중에서 동조하는 사람들은 거의 없었다.

한국 교육부는 2015년 유네스코 세계교육포럼 개최를 위해 2014년 초에 두가지 중요한 결정을 했다. 첫째, 김영곤 국장을 단장으로 한 준비기획단을 만들어 본격적으로 회의 개최 준비에 임하도록 한 것, 둘째, 당시 서남수 교육부 장관이 한국교원대 정기오 교수를 2015 유네스코 세계교육포럼 한국 Sherpa[12]로 임명한 것이다.

정기오 교수는 한국 정부의 Sherpa 자격으로 유네스코 EFA 운영위원회(Steering Committee) 정식 참가자가 되었다. 2014년 2월부터 2015년 말까지 매 두 세 달 마다 열리던 유네스코 EFA 운영위원회 회의에 참가하면서 2015년 인천 회의 개최 준비 상황과 의제 설정 논의에 핵심적 역할을 하였다. 특히 회의에서 세계시민교육을 의제로 포함시킬 것을 적극 개진하여, 인천 선언문에 세계시민교육이 반영되는 데 결정적인 역할을 하였다.

외교부는 2013년 9월 아태교육원에서 개최한 유네스코 세계시민교육 전문가 회의의 재정을 분담하였고, 이 회의에 마영삼 공공외교대사, 신동익 다자조정관, 한충희 문화외교국장, 홍진욱 공공외교과장 등이 참석하여 실질적인 역할을 하였다. 또한 2014년 2월부터 7월까지 유엔에서 Post-2015 Development Agenda 공개작업단(Open Working Group: OWG) 회의가 열렸을때 주 유엔 대한민국 대표부 한충희 차석대사가 참석하여 세계시민교육의 중요성에 대해 적극 발언하였고, 협상과 로비를 병행하여 궁극적으로 SDGs 의제설정에 큰 역할을 하였다.

이처럼 한국 정부는 교육부, 외교부가 각기 맡은 영역에서 적극적

---

12) Sherpa는 히말라야 등정시 짐을 지고 길을 안내하는 사람을 말한다. 국가 정상들이 참석하는 국제회의 혹은 정상회담의 경우, 미리 의제를 논의하여 길을 닦아 놓는다는 의미에서 이런 역할을 하는 정부 실무 대표를 Sherpa라고 한다.

인 역할을 하면서 세계시민교육이 SDGs에 포함되는데 기여하였다.

4. 아시아태평양 국제이해교육원(APCEIU)

세계시민교육은 유엔 사무총장의 이니셔티브로 시작되었는데, 국제사회에서 지속적으로 관심과 힘을 받으려면 유엔 혹은 유네스코의 글로벌 의제가 되어야만 했다. 유네스코는 1990년에 태국 좀티엔에서 모두를 위한 세계교육회의(World Conference on Education for All)를 개최하여 모두를 위한 교육(Education for All: EFA)이라는 글로벌 의제를 채택하고, 2000년 세네갈 다카르에서 6가지 행동 강령(Framework for Action)을 채택한 바 있으며, 유엔은 2001년 새천년개발목표 8가지를 채택한 바 있다. 마침 이 두 가지 유엔과 유네스코의 글로벌 의제가 2015년에 종료되고, 2015년에 다시 새로운 후속 글로벌 의제가 논의되어 채택될 예정이었기 때문에 2015년은 글로벌 의제와 관련하여 국제사회에서는 매우 중요한 해가 되었다.

2012년 9월 반기문 유엔 사무총장 이니셔티브로 시작한 세계시민교육을 2015년 이후 새롭게 채택될 유엔과 유네스코의 글로벌 의제에 넣어야겠다고 생각한 주체가 바로 한국이고, 그 실행 기관으로 아태교육원이 있었다. 아태교육원은 2000년 창설된 유네스코 카테고리 2기관으로 지난 10여 년 동안 아시아 태평양 지역에서 국제이해교육 분야 연수, 연구, 출판 활동을 펼쳐오면서 실력을 쌓아 왔다. 국제이해교육과 세계시민교육은 이름과 강조하는 내용만 다를 뿐 거의 같은 가치관을 가지고 있었기에 아태교육원 직원들은 이미 세계시민교육에 대한 기본은 갖추어져 있었다.

때 마침 2012년 12월 필자가 아태교육원 원장에 선임되었다. 2012년 12월 24일 제4대 원장으로 부임하였을 때 아태교육원은 탄생한 지 10년이 조금 넘은 생동하는 기관이었다. 원장 취임사에서 "새롭게 대두하고 있는 세계시민교육에 아태교육원의 활동 초점을 맞출 것"이라고 강조했다. 2012년 6월부터 반기문 유엔 사무총장이 주창하던 세계시민교육이란 용어가 가진 잠재력과 파급력을 인식하고 있던 필자는 그 동안 국제이해교육에 주력해왔던 아태교육원을, 기관장으로서, 새롭게 부상하는 세계시민교육의 세계 중심 센터로 만들고 싶

2018년 아태교육원을 방문한 반기문 전 유엔 사무총장, 배기동 아태교육원 이사회 의장, 필자(왼쪽부터)

2014년 2월 3일 아태교육원을 방문한 이리나 보코바 유네스코 사무총장(오른쪽)은 한국 전통 족자 형태의 초상화를 아태교육원으로부터 선물받고 활짝 웃고 있다.

었다.

이미 취임사를 통해 세계시민교육을 적극적으로 추진할 생각이었던 필자로서는 2013년 초 유네스코 본부의 첫 번째 세계시민교육 선문가 회의 개최 제의가 참으로 반가웠고, 즉각 이를 수락하였다. 필자는 내부 회의를 통해 이 회의 개최에 필요한 경비를 마련하고, 국제회의 준비 조직을 구성하였다. 이 회의를 위해 대한민국 외무부와 유네스코가 경비의 일부를 부담하고, 아태교육원이 나머지 대부분을 부담하기로 하고, 본격적으로 아태교육원은 세계시민교육 전문가회의 개최 준비에 매진하였다. 짧은 준비기간을 감안하여 김종훈, 이양숙, 양혜란, 정경화, 이지홍, 김효정, 지선미, 엄정민 등 아태교육원의 정예요원들 다수가 투입되었다. 회의장으로는 신도림에 위치한 아태교육

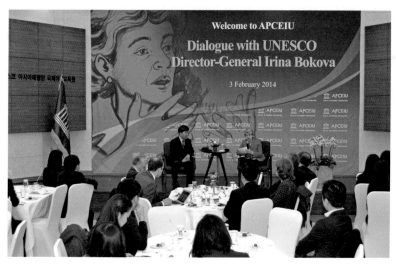

2014년 2월 3일 아태교육원을 방문한 이리나 보코바 유네스코 사무총장은 직원들과 대화의 시간을 가졌다.

원 3층 회의장을 쓰기로 하고, 숙소는 가까운 신도림의 쉐라톤호텔로 정했다. 이들은 필요한 소요 경비를 마련하고, 유네스코 본부 및 외교부, 교육부와 사전 협의를 하고, 해외 참가자들을 초청하며 전 세계 30여 개국에서 참가하는 전문가들의 발표 원고 수합, 항공권 예약과 공항 픽업 등 세세한 부분까지 완벽하게 준비하였다. 이런 8개월간의 수고 끝에 2013년 9월 첫 번째 세계시민교육 전문가 회의가 한국에서 개최되었다. 그리고 이 회의는 유네스코 본부 직원들과 참가자들 모두가 격찬한 성공적인 회의로 마무리 되었다. 이후 아태교육원은 세계시민교육사업을 추진하는 데 있어 유네스코의 중요한 파트너가 되었다.

한편 2015년 유네스코 세계교육 포럼을 대한민국 인천에 유치한 한국 교육부의 의제 주도 의지도 세계시민교육을 글로벌 의제로 설정하는데 강하게 작용하였다. 한국 교육부는 어떻게 하면 세계교육포럼에서 한국이 내실 있게 주도적인 역할을 할 수 있을까를 고민하다가 아태교육원의 적극적인 건의를 받아들여 세계시민교육을 한국이 주도하는 의제로 제안하기로 결정하였다. 이리하여 2014년부터 한국은 유엔과 유네스코에서 세계시민교육을 범세계적 의제로 만드는 일에 아태교육원과 함께 매진하였다. 2015년부터 2030년까지 추진할 새로운 유엔 지속가능발전목표와 유네스코 교육 목표에 하나의 의제로 세계시민교육을 설정하는 것이 주된 목표였다.

세계시민교육의 글로벌 의제 설정 과정은 2013년부터 2015년 말까지 3년간 이루어졌고, 한국 정부와 아태교육원은 세계시민교육을 글로벌 의제로 만들기 위해 3년간 전력투구하여 이를 성공적으로 달성하였다. 이후 2016년부터 아태교육원은 세계시민교육을 전 세계적으로 확산하기 위해 노력하였다, 이러한 다년간의 노력으로 오늘날 아태교육원은 명실상부한 세계시민교육의 글로벌 허브(Global Hub)로 인정 받고 있다.

5. 세계시민교육 전문가 회의

2013년 9월 9~10일 이틀간 아태교육원에서 개최된 〈세계시민교육 전문가 회의〉(Technical Consultation on Global Citizenship Education)

는 세계시민교육 분야의 첫 번째 공식회의로 유네스코와 아태교육원 양 기관 모두에게 세계시민교육의 효시가 될 중차대한 회의였다. 이 회의에는 UCLA 파울로 프레이리 센터 소장인 카를로스 토레스 교수, 하버드대 페르난도 라이머 교수, 디나 키완 베이루트 아메리칸대 교수, 한국 연세대 박순용 교수와 성신여대 조대훈 교수 등 전 세계 28명의 세계시민교육 전문가와 유네스코 치엔 탕 교육사무총장보, 김광조 아태지역본부장, 최수향 국장 등 직원 7명, 한국에서 외교부 마영삼 대사, 신동익 다자조정관, 한충희 국장, 홍진욱 과장, 교육부 강영순 국장, 그리고 아태교육원을 대표하여 필자가 참석하였다.

이 회의는 세계시민교육이란 용어에 대한 논쟁, 무엇을 어떻게 가르칠 것인가 하는 교과 내용에 대한 난상토론, 세계시민교육을 위해

2013년 9월 9, 10 양일긴 시울 신도림 아태교육원에서 개최된 〈세계시민교육 전문가 회의〉 참가자들. 세계시민교육에 관한 유네스코 첫 회의였다.

2013년 9월 〈세계시민교육 전문가 회의〉 광경

각국은 무엇을 어떻게 해야 하는가 등 세계시민교육에 대해 아주 기
본적이고 광범위한 논의를 하였다. 이 회의에서 "세계 시민성에 대한
일반적으로 합의된 정의는 없고, 비슷한 용어로 cosmopolitanism,
planetary citizenship 등의 용어가 사용되고 있으며, 인지적 역량,
비인지적 역량, 행동 역량이 필요하다."고 언급되었다.

　　이 회의 내용을 담은 「글로벌 시민교육: 새로운 교육의제」(Global
Citizenship Education: An Emerging Perspective)[13]는 세계시민교육의 필
독서로 널리 활용되고 있다.

13)　유네스코 아시아태평양 국제이해교육원 기획·번역, 「글로벌 시민교육: 새로운 교육의제」(유
　　네스코 아시아태평양 국제이해교육원, 2014).

〈세계시민교육 전문가회의〉에서 환영사를 하고 있는 필자

6. 제1회 유네스코 세계시민교육 포럼

2013년 9월에 개최한 세계시민교육 전문가 회의가 성공적으로
끝나자 유네스코는 세계시민교육에 자신을 갖게 되었고, 이러한 자
신감을 바탕으로 3개월만에 제1회 유네스코 세계시민교육 포럼(1st
UNESCO Forum on Global Citizenship Education)을 개최하였다. 2013년
12월 태국 방콕에서 개최된 제1회 유네스코 세계시민교육 포럼은 당
시 김광조 유네스코 아태지역본부장의 적극적인 추진력으로 짧은 준
비 기간에도 불구하고 200여 명이 넘는 참가자들이 전 세계에서 참석
하여 성황리에 개최되었다.

김광조본부장은 2013년 9월 아태교육원에서 개최된 세계시민교

2013년 12월 태국 방콕에서 개최된 제1회 유네스코 세계시민교육 포럼 참가자들

육 전문가 회의에 참석하여 세계시민교육의 의미와 중요성을 이미 잘 알고 있었고, 본인 스스로 이미 세계시민사상에 오래전부터 공감하고 있었기에, 이후 세계시민교육이 유네스코에서 적극 부상하는데 주요한 순간마다 결정적인 기여를 하였다.

아태교육원은 제1회 유네스코 세계시민교육 포럼에서 유네스코 본부, 유네스코 아태지역본부 등과 함께 공동 개최 기관이 되었고, 세계시민교육에 관한 분과 회의를 직접 주관하여 진행하였다. 이 분과 회의에서 대한민국 교육부 강영순 국제협력국장과 필자가 직접 발표를 하면서, 한국 정부와 아태교육원의 세계시민교육에 대한 관심과 활동을 널리 소개하였다. 또한 이 회의를 통해서 한국이 세계시민교육에 앞장서고 있음을 유네스코 회원국에게 널리 알리는 계기가 되었다.

7. 오만 무스카트 글로벌 EFA 회의(Global EFA Meeting: GEM)

글로벌 의제를 설정하는 대규모 국제 회의는 대개 10년 혹은 15년
주기로 개최된다. 유네스코는 1990년 태국 좀티엔에서 EFA 출범 회
의를 열었고, 2000년 세네갈 다카르에서 EFA 행동강령을 정하는 회
의를 개최했으며, 2015년 EFA 이후 새로운 교육의제를 정하는 회의
를 서울에서 개최하기로 결정하였다. 이러한 국제회의의 최종 선언문
혹은 결의안은 통상적으로 회의 몇 년 전부터 논의가 진행되어 대개 1
년 전쯤에 초안이 나오는 것이 관행이다.

이러한 흐름을 파악한 아태교육원은 2014년 5월 오만 무스카트에
서 개최되는 유네스코 글로벌 EFA회의에 적극적으로 참여하기로 결

2014년 5월 오만 무스카트에서 개최된 유네스코 글로벌 EFA회의에서 아태교육원은 세계시민교육에
관한 분과회의를 개최하였다. 연단 왼쪽 끝이 유네스코 본부 최수향 국장, 오른쪽 끝이 필자

정하였다. 왜냐하면 2015년 인천에서 개최될 Post-EFA 회의에서 세계시민교육이 유네스코 글로벌 의제로 채택되게 하려면 대략 1년 전에 개최되는 오만 무스카트 글로벌 EFA회의에서 채택될 최종 선언문 혹은 최종 결의안에 세계시민교육이 미리 포함되도록 해야 했기 때문이다.

아태교육원은 오만 무스카트 글로벌 EFA회의에서 〈세계시민교육 세션〉을 유네스코와 공동으로 개최하였다. 당시는 많은 사람들이 세계시민교육에 대해 궁금해 하였고, 또 다양한 지지 혹은 비판 의견이 있던 시점이었다.

유네스코 최수향 국장과 아태교육원을 대표한 필자가 연사로 나서서 각국 교육부 장, 차관, 국장들을 대상으로 새로운 글로벌 의제에 왜 세계시민교육이 들어가야 하는지 그 필요성을 역설하였다. 이 회의에서 제기된 문제들을 정리하면 크게 세가지로 요약할 수 있다. 첫째 대체로 아프리카 국가들은 공적개발원조(Official Development Assistance: ODA) 증액은 원하지만 세계시민교육은 서구 선진국에서나 해야 할 교육으로 생각했다는 점이다. 이에 대해 필자는 서구 선진국의 ODA도 세계시민 의식에서 비롯된 것이므로 세계시민교육이 바로 ODA의 토대라고 설명하여 비판을 잠재웠다. 둘째, 인도 대표가 세계시민성과 국민국가 정체성 간의 갈등을 지적하고, 특히 스리랑카 대표가 스리랑카의 경우 막 내전이 끝나 국가 형성(Nation Building)과 스리랑카 국민 정체성(National Identity) 형성이 더 중요하다며 세계시민교육을 비판하였다. 이에 대해 필자는 최근 스리랑카인들이 이주노동

오만 무스카트 유네스코 GEM 회의장에 아태교육원은 세계시민교육 전시관을 열었다.

자로 해외에 많이 나가서 사는데 이들을 차별하지 않고 잘 대우해 주
고 잘 살게 하려면 세계시민교육이 필수적이라고 답변하여 동의를 얻
었다. 셋째, 그 동안 새천년개발목표(MDGs), 모두를 위한 교육(EFA) 등
글로벌 의제는 모두 다 측정 가능한 목표였으나 세계시민교육은 측정
이 불가능하거나 어려운 목표라는 비판이 제기되었다. 사실 당시 수
준으로 세계시민교육을 가르치고 나서 이를 측정하기란 쉽지 않은 상
황이었다. 그러나 최수향 국장과 필자는 이미 IEA[14]에서 ICCS[15]라는
국제시민교육 측정지표를 개발하여 사용하고 있기 때문에 이를 잘 활

---

14) IEA 홈페이지 https://www.iea.nl/

15) ICCS https://www.iea.nl/iccs

오만 무스카트 유네스코 GEM 회의장 로비에서 유네스코와 한국의 입장을 협의하는 모습. 왼쪽부터 한국교원대 정기오 교수, 이상진 주 유네스코 한국 대사, 필자, 유네스코 본부 최수향 국장, 유네스코 아태지역 김광조 본부장

~~숭~~하고 발전시키면 세계시민교육도 측정이 가능하다고 답변하였다. 이러한 비판과 답변을 거쳐서 대체로 참석자들로부터 긍정적이고 우호적인 반응을 이끌어 내고 2시간의 세션을 마무리 하였다.

이런 우호적 분위기를 감지한 일본 대표단의 카즈히로 요시다 (Kazuhiro Yoshida)교수가 필자에게 이날 저녁 한국과 일본 양국 대표단간의 협의회를 제안해 왔다. 일본 측에서는 외무성 과장, 문부성 직원, 그리고 히로시마대 카즈히로 요시다 교수가 참석했고, 한국측에서는 이상진 주 유네스코 대한민국 대표부 대사, 정기오 한국교원대 교수, 그리고 아태교육원을 대표해서 필자가 참석하였다. 일본 대표단의 제안은 일본이 글로벌 의제로 적극적으로 추진하고 있는 지속가능발전교육과 한국이 적극적으로 추진하고 있는 세계시민교육이 각각 별개로 제안되면 아마도 둘 중 하나는 채택되기 어려우니, 지속가능발전교육과 세계시민교육을 묶어 한 문단(paragraph)으로 제안하자는 의견이었다. 일본은 2005년부터 2014년까지 10년을 유엔 지속가능발전교육 10개년으로 지정하는데 앞장서 왔고, 전 세계 유네스코 회원국에 지속가능발전교육 진흥을 위해 매년 상당한 재정지원을 해왔다. 일본은 2014년 유엔 지속가능발전교육 10개년이 마무리된 이후에도 지속가능발전교육이 글로벌 의제로 살아남기를 원하는 입장이었다. 한국대표단은 당시 세계시민교육이 폭발적 호응을 얻고 있으나, 아직 새로운 용어로 널리 대중화되어 있지 않다는 점 등을 고려하여 전략적 차원에서 일본의 제안을 받아들이기로 하였다.

일본의 카즈히로 요시다 교수와 한국의 정기오 교수가 회의 최종 선언문 초안 작성단(Drafting Group)에 들어가 있었기에 한국과 일본 간의 협력으로 보다 쉽게 회의 최종 선언문인 무스카트 합의문(Muscat Agreement)[16] 세부목표(Target) 5에 지속가능발전교육과 세계시민교육을 동시에 반영, 삽입할 수 있었다.

무스카트 합의문에 세계시민교육이 포함된 것의 의의를 살펴보면,

첫째, 이로써 세계시민교육이 유네스코 공식 문서에 처음 포함되게 되었고, 유네스코의 공식적인 의제로 부상하게 되었다.

––––––––––––––––––––––––––––––––––

16) Muscat Agreement 전문은 http://unesdoc.unesco.org/images/0022/002281/228122E.pdf 참조.

둘째, 이로써 세계시민교육은 유네스코 Post-EFA 글로벌 의제로 가는 가장 중요한 관문을 통과하였다.

셋째, 또한 지속가능발전교육과 세계시민교육이 이후 인천 선언과 지속가능발전목표에서 같은 문단(paragraph)에 담기게 된 연유이기도 하다.

무스카트 합의문(Muscat Agreement)은 2015년 인천 회의를 1년 앞두고 채택된 잠정 의제로 이후 1년 동안 아시아, 아프리카, 아랍, 남미 등 전 세계를 돌며 지역 회의에서 다시 한번 검토되고 논의되었는데, 아태교육원은 이 과정에서 세계시민교육이 빠지지 않도록 계속 모니터링 했다.

8. 아태지역 교육회의와 제2회 유네스코 세계시민교육 포럼

오만 무스카트에서 유네스코 공식 문서에 등장한 세계시민교육이 1년동안 살아남아 2015년 5월 인천에 무사히 도착하는 것은 대단히 중요한 과제였다. 유네스코는 아시아, 아프리카 등 전 세계를 돌며 대륙별 교육회의를 개최하여 무스카트 합의문에 대한 의견을 들었다.

2014년 8월 태국 방콕에서 개최된 아태지역 교육회의에 대한민국 교육부 김영곤 국장과 필자가 참석하여 세계시민교육이 살아남도록 적극적인 외교 활동을 펼쳤다. 당시 유네스코 아태지역본부 김광조본부장이 공식적, 비공식적으로 세계시민교육이 빠지지 않도록 적극 지

2015년 1월 프랑스 파리 유네스코 본부에서 개최된 제2회 유네스코 세계시민교육 포럼 기간 중에 세계시민교육 클리어링 하우스 공식 출범식을 열었다. 이날 유네스코와 한국을 대표해 참석한 분들과의 기념 사진

원해주었다.

2015년 1월 말 프랑스 파리 유네스코 본부에서 개최된 제2회 유네스코 세계시민교육 포럼에 아태교육원은 공동 주최기관으로 들어갔다. 이 회의에서 유네스코 본부와 아태교육원이 공동으로 운영하는 세계시민교육 정보 자료 센터 - 유네스코 세계시민교육 클리어링 하우스 - 를 아태교육원에 설치하는 공식 출범식을 가졌다. 아태교육원 엄정민 연구개발팀장이 유네스코 세계시민교육 클리어링 하우스를 전 세계 참가자들에게 설명하는 발표의 기회도 가졌다. 클리어링 하우스는 전 세계에서 세계시민교육과 관련된 정부 기관, 단체, 학교, 시민 사회 단체, 전문가, 교사 등에게서 보내온 관련자료를 수집,

세계시민교육 클리어링 하우스 공식 출범식

세계시민교육 클리어링 하우스 공식 출범식에서 연설
하고 있는 필자

보관, 공유, 배포하는 일종
이 플랫폼으로서 전 세계 7
개 국어 - 영어, 불어, 스페
인어, 러시아어, 중국어, 아
랍어, 한국어 - 로 번역되어
전 세계인이 누구나 볼 수 있
는 데이터 센터이다. 이 중요
한 클리어링 하우스를 아태
교육원에 설치, 운영하도록
한 것은 아태교육원을 명실
공히 세계시민교육의 허브로

인정한 것이라는 의미를 지닌다. 인천 세계교육포럼을 4개월 남겨둔 이 회의에서 아태교육원은 세계시민교육에 대한 회원국의 더 많은 지지를 얻기 위해 세계시민교육의 필요성을 역설하는 등 사전 정지 작업을 열심히 하였다.

9. 인천 유네스코 세계교육포럼(World Education Forum)

2015년 5월 19일부터 22일까지 대한민국 인천에서 개최된 유네스코 세계교육포럼은 유네스코의 향후 15년간 교육 목표를 정하는 역사적으로 의미가 큰 회의였다. 이 회의의 성공적 개최를 위해 오래전부

아태교육원은 인천 유네스코 세계교육포럼에서 세계시민교육에 관한 분과회의를 개최하였다.

터 대한민국 교육부와 협력해 왔던 아태교육원은 회의 개최 6개월 전
부터는 본격적으로 행사 준비를 위해 조직위원회에 직원을 파견하였
고, 별도의 세계시민교육 전시회를 맡아 많은 직원들이 고군분투 했
다. 세계시민교육에 관한 사전 포럼과 본행사 포럼 등 두 포럼을 혼신
의 힘을 다해 준비하였다. 그리고 행사가 임박해서는 유네스코 본부
의 긴급 요청에 따라, 직원을 다수 파견하여 유네스코 본부 행사 진행

아태교육원은 인천 유네스코 세계교육포럼에서 세계시민교육에 관한 전시회도 개최하였다. 2014년도
노벨 평화상 수상자 카일라시 사티아르티도 방문하였다.

요원으로 활동하게 하였다. 또한 유네스코 본부 행사 경비를 직접 송금받아, 담당 직원들이 현장에서 직접 경비를 지출하는 일까지 수행하였다. 인천 세계교육포럼에서 아태교육원은 주최국인 대한민국 교육부와 주최기관인 유네스코 양측 모두를 지원하는 비상한 역할을 한 것이다.

아태교육원이 본 행사와 사전 행사에서 각각 한 세션씩 담당하여 개최한 세계시민교육 회의는 성황리에 개최되었으며, 행사장에 함께 마련된 세계시민교육 실내 전시회는 새로운 아이디어와 체험형 전시로 국내외 방문자들의 좋은 평가를 받았다. 이러한 활발한 활동을 통해 세계시민교육은 짧은 시간에 국내외로 널리 알려지게 되었으며, 아태교육원 또한 동시에 널리 소개되었다.

김세연 국회의원, 보니안 골모함마디 WFUNA 사무총장, 원정희 부산시 금정구청장이 방문하였다.(왼쪽부터)

학생들의 세계시민교육에 관한 그림과 글 공모전도 개최하였다.

이러한 지속적 노력과 헌신의 결과로, 개회식에 참석한 대한민국 대통령께서 "한국은 아태교육원을 통해 세계시민교육을 전 세계에 확산하고 지원하겠다."라는 언약의 연설을 하게 되었고, 폐회식에서 발표된 인천 선언(Incheon Declaration)에 세계시민교육이 포함되는 성과를 거두었다. 인천 선언은 그해 11월 유네스코 총회에서 유네스코 '교육 2030'(Education 2030)이란 이름으로 공식적으로 채택되었다.

10. 유엔 공개작업단(Open Working Group: OWG) 회의

유엔이 MDGs 후속 개발 의제를 생각한 것은 2012년 6월에 개최된 Rio+20 회의쯤이라 할 수 있다. Rio+20은 1992년 리오데자네이로에서 개최된 세계환경개발회의 20주년이 되던 해를 기려 열린 유엔 지속가능발전회의(UN Conference on Sustainable Development)의 약칭이다. 유엔은 2012년 6월에 '유엔시스템 작업반'을 구성했고, '유엔시스템 작업반'은 '우리가 원하는 모두를 위한 미래의 실현'(Realizing the Future We Want for all)이라는 제목의 보고서를 통해 새로운 개발협력 목표의 기본적 틀로 3개 기본원칙(인권, 평등, 지속가능성)과 4대 핵심 방향(평화와 안보, 포괄적 사회개발, 포괄적 경제개발, 환경적 지속가능성)을 제시했는데, 이것이 SDGs 논의의 시작이라고 할 수 있다. 이를 바탕으로 2013년 5월 유엔사무총장 고위급패널에서 12개 목표를 제시하였고, 2013년 7월 유엔사무총장실에서 15개 목표를 제시하였으며, 2013년 초에 구성된 지속가능발전목표(SDGs) 공개작업단(OWG)은 19개 중점 목표를 제시하였다. 유엔 내의 세 기관은 각각의 보고서를 발간하여 새로운 개발협력의 잠정 목표를 제시하였다. 현재 전 세계가 겪고 있는 고통과 위기에 대해서 저마다 조금씩은 주장하는 바가 달랐지만, 빈곤퇴치, 성평등, 양질의 교육, 보편적인 보건 및 의료, 식량과 영양, 식수, 공평한 경제성장과 양질의 일자리, 거버넌스 등이 공통의 문제라는 데에서는 인식을 같이 하였다.[17]

2013년 초에 발족한 〈2015년 이후 개발의제〉(Post-2015 Development Agenda) 공개작업단(OWG)은 본격적으로 2014년 2월부터 2014년 7월

17) 「알기쉬운 지속가능발전목표 SDGs」(국제개발협력시민사회포럼, 2016), p. 10.

까지 새천년개발목표(MDGs) 이후의 개발목표를 논의하기 위해 총 13차례의 공개 작업단 회의를 개최하였다. 공개작업단(OWG)은 모든 회원국에게 다 공개되어있기 때문에 개발목표의 중요성을 알고있는 대부분의 회원국가는 그들이 원하는 개발 목표를 의제에 넣기위해 전력투구했고, 그러한 세계 각국 정부 대표들의 협상과 로비로 회의장은 역동적인 분위기였다. 정부 대표들의 협상과 로비뿐만 아니라 특정 개발 의제에 관심을 가진 시민사회 단체들도 연합체를 만들어 사활을 걸고 협상하고 로비하였기에 생동하는 협상장이 되었다. 이러한 열기가 넘치는 협상을 거쳐 공개작업단은 2014년 8월, 17개 목표를 담은 문서를 유엔에 제출하였다. 이후 유엔은 17개 목표는 거의 그대로 두고, 정상들의 선언문을 준비하고 다듬는 작업을 하였다. 그리하여, 서문과 선언문, 그리고 17개이 목표의 세부목표를 완성한 나음, 정부 간 협상을 진행하여 최종적으로 합의된 내용이 바로 SDGs의 17개 목표를 담고 있는 '우리가 사는 세상의 전환: 2030년까지의 지속가능한 발전 의제(Transforming Our World: The 2030 Agenda for Sustainable Development)'라는 제목의 문서이다.

유엔 공개작업단 회의에서 당시 한충희 차석대사를 비롯한 주 유엔 대한민국 대표부의 적극적인 노력으로 세계시민교육이 새로운 유엔 글로벌 의제인 지속가능발전목표(Sustainable Development Goals: SDGs) 초안에 삽입되게 되었다. 공개작업단 회의 초반에는 세계시민교육이 전혀 주목을 못 받았으나, 한국 대표단의 적극적인 발언과 로비, 협상으로 7월 중순경 문서에 세계시민교육이 들어가게 되었다. 그리고 당시 유엔 〈2015년 이후 개발의제〉(Post-2015 Development Agenda) 공개작업단 담당 국장이었던 니킬 세스(Nikhil Seth) 국장도 세계시민교육에 호의적이어서 세계시민교육을 17개 목표 속에 삽입하는데 큰 역할을 하였다. 이러한 〈2015년 이후 개발의제〉(Post-2015 Development Agenda) 공개작업단(OWG)에서의 논의 과정을 거쳐 세계시민교육은 최종적으로 유엔의 의제로 자리매김하게 되었다.[18]

11. 제70차 유엔 총회와 지속가능발전목표(SDGs) 정상회의

유엔의 첫 번째 글로벌 의제였던 새천년개발목표(MDGs)는 유엔이 다른 유엔기구나 국제 시민사회와 깊은 협의 없이 거의 독자적으로 선정, 발표하였다. 예를들면, 새천년개발목표 여덟 가지 중 유네스코와 관련이 있는 '보편적 초등교육'과 '양성평등' 둘 다 유네스코와 아무런 사전 협의 없이 유엔이 직접 선정하여 넣었다고 알려져 있다. 새천년개발목표 여덟 가지 목표 중 상당수가 보건 위생 분야에 치우쳐 있는데, 아마도 이런 이유가 아닌가 짐작된다. 이 때문에 Post-MDGs, 즉 2015년에 종료되는 MDGs를 이을 다음 글로벌 의제를 채택할 때는 유엔 단독이 아니라 유엔 전문기구 등 다양한 유엔기구들과 국제 시민사회 단체, 각국 정부와 긴밀히 협의하여 설정하자는 합

18) SDGs 초안은 https://sustainabledevelopment.un.org/content/documents/1579SDGs%20 Proposal.pdf 참조.

의가 이루어졌다.

이에 따라 유엔은 2012년경부터 의견 수렴에 들어갔다. 2012년 6월 20일부터 22일까지 리오 회의 20주년을 맞아 유엔 지속가능발전회의(UN Conference on Sustainable Development), 약칭 Rio+20 회의를 개최하였는데, 이때부터 논의가 시작되었다고 볼 수 있다. 유네스코가 2013년부터 세계시민교육 포럼을 개최하고, 2014년 글로벌 EFA 회의와 지속가능발전 10개년 마무리 회의를 나고야에서 개최한 것, 그리고 2015년 인천 세계교육포럼을 통해 유네스코의 글로벌 교육의제를 확정한 것도 넓게 보면 이러한 유엔의 Post-MDGs 확정 과정의 일환이기도 하다.

유엔은 2013년에 시작하여 2014년에 본격적으로 Post-MDGs 작

2015년 3월에 아태교육원은 유엔 본부에서 대한민국 교육부, 주 유엔 대한민국 대표부와 함께 인천 세계교육포럼 및 세계시민교육을 홍보하는 세미나를 개최하였다.

성을 위한 공개작업단(Open Working Group) 회의를 개최하였다. 유네스코는 공개작업단 회의에 이리나 보코바 사무총장, 치엔 탕 교육사무총장보 등이 참가하며, 유네스코가 우선적으로 고려하는 의제를 전달해 왔다. 20015년 5월 인천선언도 유엔에 전달되었다.

당시 주 유엔 대한민국 대표부는 2014년 2월부터 7월까지 개최되었던 공개작업단에 참여했다. 마침 2013년 9월 한국에서 세계시민교육 전문가 회의 개최시 외교부 문화외교국장을 맡아 세계시민교육에 대해 잘 알고 있던 한충희 차석대사가 2014년 3월에 주 유엔 대한민국 대표부에 발령받아 근무하고 있었다. 필자는 한충희 차석대사에게 여러 차례 연락하며, 유네스코에서의 진행 상황을 자세히 설명하고, 한국이 주도하고 있는 세계시민교육이 다음 글로벌 의제에 꼭 들어갈

2015년 3월 유엔에서 개최된 세계시민교육 회의에 참석한 청중

수 있도록 유엔에서 최선을 다해 줄 것을 부탁하였다. 추후에 공개작업단에 참석했던 유네스코 직원을 통해 들은 바에 의하면, 대한민국 대표단은 세계시민교육만 줄기차게 강조하였다고 한다.

2015년 3월에 아태교육원은 유엔 본부에서 대한민국 교육부, 주 유엔 대한민국 대표부와 함께 인천 세계교육포럼 및 세계시민교육을 홍보하는 세미나를 개최하였다. 이 세미나에서 당시 반기문 유엔 사무총장, 이리나 보코바 유네스코 사무총장, 치엔 탕 교육사무총장보, 오준 유엔 대사, 김영곤 교육부 국장, 그리고 필자가 패널리스트로 참가하였다. 이 회의는 아태교육원이 유네스코를 넘어 유엔에서 최초로 글로벌 의제 설정에 관한 회의를 개최하였다는 의의를 지닌다.

2015년 9월 제70차 유엔 총회 개막 초반에 세계 정상들은 2030년까지 달성해야 한 건 새세의 개발목표로 '우리가 사는 세상의 전환: 2030년까지의 지속가능한 발전 의제(Transforming Our World: The 2030 Agenda for Sustainable Development)'를 전원 합의로 선언하였는데, 한국 정부와 아태교육원의 일관되고 치밀한 노력 덕분에 마침내 지속가능발전목표(SDGs)의 세부목표 4.7에 세계시민교육이 포함되게 되었다.

12. 제38차 유네스코 총회와 Education 2030

2015년 11월 제38차 유네스코 총회의 고위급 특별회의에서

'Education 2030 행동강령(Framework for Action)'이 채택되었는데, 이로써 세계시민교육을 글로벌 의제로 채택하는 작업은 마무리 되었다.

이와 같이 유엔에서 세계정상들이 지속가능발전개발 목표에서 세계시민교육을 포함하고, 유네스코에서도 '교육 2030'에 세계시민교육을 담은 것은 향후 2030년까지 유엔 및 유네스코 회원국들이 세계시민교육을 국가 교육 정책 속에 포함해서 적극 추진해야 한다는 것을 의미한다.

13. 평가: 세계시민교육의 SDGs 포함 의의

이상에서 본 바와 같이, 세계시민교육은 한국이 주도하여 설정한 최초의 지구촌 의제이다. 세계시민교육이 유엔 지속가능발전목표에 포함된 것은 한국으로서는 세가지 의미가 있고, 글로벌 차원에서는 두가지 의미를 찾아 볼 수 있다.

첫째, 한국으로서는 역사상 처음으로 한국이 제안한 의제를 글로벌 의제로 만드는 성공 경험을 하였다. 그동안 늘 서구 선진국이 글로벌 의제를 설정하면, 이를 학습하고 따라가기 바빴던 한국으로서는 처음 성취해본 새로운 경험이었다. 처음으로 우리가 주도하는 글로벌 의제를 우리의 꾸준한 노력으로 설정하는 성공 사례를 만든 것이다. 이런 경험은 앞으로 어떠한 글로벌 의제 설정에도 망설이지 않고, 과감하게 시도하는 그런 자신감을 갖게 하였다. 여기에는 국제기구에서 활동하는 한국인의 영향력을 간과할 수 없다. 역사상 최초의 한국인 유엔 사무총장, 유네스코 본부 교육국장, 그리고 국제기구에 파견된 대한민국 대표부의 역할이 매우 컸다. 아직도 우리나라는 국력에 비해 국제기구에 진출한 인력이 턱없이 부족하다. 향후 한국이 국제 사회에서 주도적 역할을 하려고 하면 역량을 갖춘 한국인들이 국제기구에 더 많이 진출해야 할 것이고, 가능하면 국제기구 고위직에 많이 포진하는 것이 필요하다.

둘째, 왜 한국이 세계시민교육을 주창하는지에 대해 스스로 성찰해 보는 계기를 마련한 것은 한국인으로서 유례없는 일이다. 세계시민 의식이 낯설게 느껴지는 한국인들이 세계 시민성과 세계시민교육을 주창하면서 스스로 세계시민 의식에 대해 생각해보고, 논리도 개발해 보고, 해석해나는 지적 식업은 참으로 유의미한 활동이었다. 아마도 다양한 해석과 논리가 발안될 것으로 보이는데 이러한 지적 활동이 한국인들을 더 나은 세계, 더 나은 미래로 안내할 것으로 믿는다. 곰곰이 생각해보면, 한국이 세계시민교육을 주창한 것은 그만큼 한국이 처한 상황이 세계 시민성을 절실히 필요로 하는 상황이 아닌가 유추해볼 수 있다. 조선 5백년의 은둔 왕국 전통, 제국주의 식민지 역사, 내전이자 국제전인 한국전쟁과 분단, 세계 최빈국에서 선진국으로의 발전 단계별 경험, 수출 주도 산업화와 대외 지향적 경제 체제, 최근 대중문화 분야에서 눈부신 한류의 전 세계적인 확산 등 독특한 역사적 집단 경험이 한국인과 세계시민교육을 자연스럽게 이어준 것은 아닐까? 한국과 세계시민교육이 만난 것에 대한 보다 정밀한 지적 연구와 조사가 필요하다.

셋째, 세계 시민성과 세계시민교육은 용어 그 자체가 기본적으로 좋은 이미지를 가지고 있다. 오늘날 험악한 세계 정치, 경제 현실을 보면서 평화롭고, 조화로운 지구공동체를 꿈꾸는 '유토피아적 이데올로기'가 바탕에 깔려있다. 유엔, 유네스코 등 국제사회에서 '한국의 의제'로 간주되고 있는 세계 시민성과 세계시민교육은 한국의 국가 이미지를 좋게 만드는 그런 역할도 한다. 또한, 세계 시민성과 세계시민교육은 교통과 통신의 발달로 국경을 넘는 인간과 화폐와 물자가 계속 증대되고 있는 지구촌에서 논쟁적 주제가 될 잠재력이 매우 큰 화두이다. 관광, 유학, 글로벌 시장 등 긍정적인 측면도 크지만, 불법 이주민, 난민, 불안정한 금융시장, 세계적 전염병 등 어두운 측면도 크다. 이는 세계 시민성과 세계시민교육이 향후 계속 국제사회의 논쟁적 주제로 남을 가능성이 크다는 것을 의미한다. 즉 좋은 이미지를 품고 있지만, 오랫동안 논쟁의 주제가 될 글로벌 의제이다. 이런 글로벌 의제를 한국이 제기하고 끌고 가는 것이다. 따라서 한국은 글로벌 의제 설정에만 관심을 기울이지 말고 한번 설정한 의제를 일관되게, 줄기차게 끌고 나가는 저력 있는 국가의 모습을 보여주어야 한다는 과제를 안고 있다.

넷째, 글로벌 차원에서, 유엔에서 설정된 의제는 유엔 전체 회원국들 간의 합의이기 때문에 그 자체가 권위가 있어 향후 목표달성 추진 과정에서 국제회의를 개최하거나 재정적 지원을 요청할 수 있는 국제적 근거가 된다. 뿐만 아니라 전세계적으로 세계시민교육과 세계시민

운동을 확산하는 계기가 마련되었다고 할 수 있다.

　다섯째, 인류가 처음으로 합의에 의해 지구 전체를 생각하는 지구 공동체 의식을 갖게 되었다는 점은 꼭 언급해야할 의의이다. 지금까지 인류는 씨족에서 부족으로, 부족에서 국가로 자기 정체성을 확장해왔다. 그리고 근대에 접어 들어서는 민족국가에 대한 충성심과 애국심으로 무장하고, 배타적 민족주의에 열광하면서 국민국가의 국민, 민족국가의 민족으로 정체성이 고착화되었다. 그런데 2015년 세계시민교육이 유엔 지속가능발전목표에 담기게 됨으로써, 인류 역사상 처음으로 배타적 민족주의에서 탈피하여 전 지구적 사고를 하게 되고, 지구 공동체에 대한 소속감, 연대감을 공식화하게 되었다. 이는 획기적인 인류 사고의 전환이다.

제2장

세계시민사상과
세계시민교육의
과거·현재·미래

유엔 지속가능발전목표(SDGs)에 담긴 세계시민교육은 '세계시민'을 양성하는 교육을 의미한다. 여기에서 '세계시민'과 '교육'이 나누어진다. 세계시민이란 개념, 세계시민성, 세계시민 의식, 나아가 세계시민철학, 세계시민사상이란 몸체 부분이 있고, 이를 어떻게 교육할 것인가 하는 수단으로서의 교육으로 구분된다. 세계시민교육은 세계시민사상을 전파하기 위한 교육인 것이다. 따라서 이 장에서는 세계시민사상과 세계시민교육을 구분해서 살펴본다.

오늘날 무소불위의 '국가'라는 존재와 강렬한 애국심, 민족주의의 빅뱅(Big Bang)으로 인해 세계시민사상은 미약하기 이를 데 없다. 그러나 과거 역사를 보면, 세계시민적 사고의 편린을 찾아 볼 수 있다. 이 장의 제1절에서는 먼저 세계시민사상의 역사적 흐름을 살펴보고, 이어 20세기 들어 유네스코에서 교육을 통해 세계 평화와 국제이해, 지속가능발전과 세계시민 양성을 추구해온 일련의 흐름을 개관한 다음, 학계에서의 세계시민사상과 세계시민교육 연구 성과를 정리해 본다.

제2절은 21세기에 세계시민교육이 등장하게 된 연유, 그리고 현재 지속가능발전목표에 포함된 세계시민교육의 내용과 의의를 살펴보고, 세계시민교육의 세계적 현황과 한국에서의 현황을 개관한다.

제3절에서 세계시민사상과 세계시민교육의 미래를 조망하면서, 가장 급박한 전 지구적 도전인 기후위기를 극복하기 위해서는 세계시민사상이 가장 중요한 열쇠라고 언급하고, 최근 민간기업에서 유행처럼 퍼지고 있는 ESG와 SDGs와의 관계도 살펴본다. 그리고 다음 글로벌 의제가 무엇이 되어야 하는지 제안을 담아 마무리한다.

세계시민사상과 세계시민교육의 역사

1. 세계시민사상의 역사적 전개과정

2. 유네스코의 교육: 국제이해교육에서 세계시민교육으로

3. 학계에서의 세계시민사상과 세계시민교육 연구 동향

1. 세계시민사상의 역사적 전개과정[1]

오늘날 '세계시민'이라는 용어는 우리에게 매우 낯설고 애매하게, 그러나 새롭게 다가오는 단어이다. 국가를 지키기 위한 국방의 의무를 신성하게 받아들이고, 국가에 세금을 내는 것을 당연하게 생각하며, 국가 공동체 내에서 사회보장과 의료보험, 연금혜택을 받는 '나'는 국가에 대한 충성심은 당연하나, 세계에 대한 유대감은 애매모호할 뿐이다. 기후변화, 기후위기라는 단어를 들으면 이 지구에 살고 있는 우리가 공동 운명체라는 생각이 들다가 그것도 순간적이다. 이 지구상에 살고 있는 인류가 공동 운명체라는 생각이 지속적으로 드는 것은 아니다. 국가는 지속적이나 세계는 순간적인 것이 지금 세계에 대한 솔직한 감정이다. 이것이 오늘날의 국가와 세계에 대한 우리의 일반적 느낌이다.

그런데 이러한 국민국가 혹은 민족국가에 대한 절대적 충성, 애국심은 인류 역사로 보면 최근에 나타난 현상이라고 한다. 민족국가가 인류의 역사와 늘 함께한 것 같은데, 역사를 살펴보면 근대의 산물이라고 한다. 인류는 씨족을 형성하다 부족으로, 그리고 부족 연맹으로, 그리고 왕조 국가로 나아갔다. 왕조 국가에 오늘날과 같은 민족의식은 없었다는 것이 역사가들의 일반적인 견해다. 민족의식은 나폴레옹의 등장과 함께 전 유럽에 확산하였고, 서구 제국주의와 함께 전 세

---

[1] 이 글은 『세계시민학 서설』(주류성, 2021) 제1장에 수록된 "시민과 세계시민의 개념과 발달사"(pp. 13-32)라는 필자의 글을 수정, 보완하여 작성한 것이다.

계에 저항적 민족주의를 확산시켰다. 민족의식으로 무장된 단단한 당구공 모양의 민족국가가 20세기 국가의 전형적인 모습이다. 이런 민족주의로 무장한 국민국가가 촉발한 제1, 2차 세계대전은 엄청난 참화를 초래했다. 민족국가가 나타나기 이전의 왕조 국가에서 민족의식도 희박했지만, 세계시민 의식도 찾아보기 힘들었다. 오히려 여러 민족이 어울려 함께 살던 제국, 그리고 작은 단위의 도시 국가에서 세계시민사상의 편린을 찾아볼 수 있다. 물론 세계시민이라는 개념을 굳이 찾다 보면, 종교적 가르침 속에서 그 연원을 찾아볼 수도 있다. 기독교, 이슬람, 불교, 유교 등의 종교적 가르침 속에는 모든 인간에 대한 차별 없는 사랑과 자비, 인(仁)을 담고 있는데, 이러한 보편적 가치는 모든 종교의 공통점이고, 지향점이다. 종교의 보편적 가치는 바로 세계시민 개념이 담고 있는 보편적 가치와 일맥상통한다. 그러나 이는 어디까지나 종교 교리의 일부를 가지고 해석한 것으로, 실제 종교가 행한 발자취를 가지고 해석한 것은 아니다.

따라서 이 글에서는 시민과 세계시민 개념의 탄생과 발달사를 고대그리스와 헬레니즘 시대, 로마제국과 중세 유럽, 그리고 근대 서구와 오늘날의 세계를 통해 살펴보고자 한다. 동양의 경우 묵자(墨子)의 겸애(兼愛) 사상이 보편주의를 지향하고 있어 일맥상통하지만, 대체로 동양사상에서 일관되게 관통하여 내려오는 세계시민사상이 희미하기 때문에 부득이 서구 역사에서 세계시민사상의 궤적을 찾게 되었다. 향후비서구권 역사에서 시민과 세계시민의 개념, 그리고 그 전개 과정을 연구한 성과들이 축적된다면 더욱 균형 잡힌 서술이 가능할 것이다.

1) 고대 그리스

오늘날 우리가 누리는 민주주의의 원형은 그리스 도시국가 아테네에서 찾아볼 수 있다. 왜 인류 민주주의의 발상지가 그리스인가에 대해서는 다양한 설명이 있을 수 있다. 그리스는 산악과 바다로 둘러싸인 척박한 땅. 이집트 나일강과 중국 황하처럼 주기적인 대규모 범람이 있는 것도 아니어서 강력한 힘을 가진 왕이 필요한 것도 아니었다. 작은 도시 국가 형태가 자연스러웠다.

고대 그리스의 도시국가 폴리스(polis)는 시민(polites)이 민회와 시민대표 평의회 참여를 통해 직접 통치하는 직접 민주정치 체제였다. 아테네의 경우 기원전 4세기 30세 이상 시민이 약 2만 명 정도였고, 민회는 이들 시민 중에서 약 6천 명으로 구성하였다. 가장 중요한 통치기구인 시민대표 평의회는 약 500명으로 구성되었다. 아테네 시민은 누구든지 민회에서 정책을 건의하고 안건을 제안할 수 있었다. 아테네의 행정을 담당하는 행정관은 대략 700명이었고, 그 중 600명은 추첨으로 임명되었다. 이들의 임기는 1년이고, 동일한 직책에서 연임은 금지되었다. 시민대표 평의회가 행정관을 상시로 통제, 감시하였다. 그러나 아테네에 거주한 모든 사람이 시민의 범주에 속했던 것은 아니다. 당시 시민권은 아테네인 부모로부터 태어난 성인 남성에게 국한되었고, 여성과 노예는 제외되었다. 시민은 대부분 토지 소유자였고, 직접 생산을 담당하지는 않았다. 이처럼 불완전하지만, 그래도 기원전 4세기경 고대 그리스 도시국가 아테네에서 민주주의와 시민이

탄생한 것이다.[2]

　이러한 민주주의와 시민의 역사적 첫 등장은 '세계시민' 개념과 사상의 역사적 첫 등장도 가져왔다. 고대 그리스 철학, 그 중에서도 키니코스(견유) 학파 디오게네스에게서 철학과 사상 측면에서 세계시민적 사고의 흔적을 발견할 수 있다.

　그리스 북부지역에서 아테네로 이주해온 디오게네스(기원전 412년경~323년경)에게 누군가 "어디서 왔느냐"라고 물었을 때, "나는 세계시민(cosmopolites)이다."라고 대답했는데, 이는 다른 철학자들과는 달리 도시국가의 범주에 갇히지 않고 더 넓은 세계를 사고하였다는 것을 짐작하게 한다. 그는 자신을 코스모스 즉 우주에서 왔다고 했는데, 아마도 그 당시에 디오게네스가 인식하고 있던 세상의 전부를 표현한 것으로 짐작된다. 디오게네스가 말한 '세계시민'(cosmopolites)을 영어로 'cosmopolitan'이라고 하고, 이후 시후에서 이러한 디오게네스의 열린 사해동포주의(四海同胞主義) 사상을 코스모폴리타니즘(cosmopolitanism)이라고 명명하였다.

　오늘날 모든 인종과 민족은 본질적으로 동등하다고 여기는 세계시민사상은 일반적으로 최근에 확립된 것으로 생각하는데, 디오게네스는 무려 2500여 년 전에 모든 인종과 사람은 인종이나 성별에 상관없이 동등하다고 보았고, 이러한 사상은 오랜 세월 끈질기게 명맥을 이어와서 오늘날 세계시민사상을 꽃 피우는 씨앗이 되었다.

----

2)　경희대학교 후마니타스 칼리지 교양교육연구소, 「세계시민」(서울: 경희대학교 출판문화원, 2019), pp. 34-35 참고.

2) 헬레니즘 시대

그리스 도시국가와 로마제국 사이에 마케도니아의 알렉산더 대왕에 의해 촉발된 약 300년간의 헬레니즘 시대가 전개된다. 그리스, 이집트, 페르시아, 인도 북부를 아우르는 대제국은 다양한 인종과 언어, 종교, 문화를 포용해야만 유지되었다. 이색적인 동방 세계와 서양 세계가 처음으로 만났다. 동서 문화의 만남이 가져온 문화 접변의 대표적 산물이 간다라 양식이다. 그리스 조각 예술과 불교가 만나 그리스 양식의 불교 조각이 나타났는데, 이것이 바로 간다라 양식이다. 간다라 양식의 부처 조상(彫像)은 바미안 유적으로, 중국 불상으로, 그리고 한국의 석굴암으로 이어졌다. 헬레니즘 덕분에 동서가 묘하게 만난 것이다.

헬레니즘 시대에 아테네에서 탄생한 민주주의와 시민은 사라지고, 다양한 인종, 종교, 문화 예술이 교차하면서 개방적이고, 포용적인 코스모폴리타니즘이 확산되었다. 헬레니즘 시대에 스토아학파는 인종과 계급을 떠난 평등관과 세계 공동체 관념으로 이런 사상의 바탕이 되었다.

3) 로마 공화정과 로마 제국

로마는 공화정과 제국으로 나누어 살펴보자. 고대 로마는 왕정에서 시작하여 기원전 6세기 말 공화정으로 바뀌었고, 기원전 1세기 말

아우구스투스 황제의 등장으로 공화정은 제정(帝政)으로 바뀌었다. 로마 공화정은 처음에 귀족만이 시민권을 소유하는 귀족 중심의 과두제로 출발하였으나, 병역과 납세의 의무를 지닌 평민들의 요구를 받아들여, 평민도 법적으로 참정권이 인정되는 시민(civics, civitas)이 되었다. 그러나 아테네와 같은 직접 민주정은 아니었다. 로마 공화정의 시민권은 처음에 로마와 그 인접 지역의 남성 자유인에게만 부여되었다가, 정복 전쟁으로 로마의 영토가 확대되자 전쟁에 참여한 평민 모두에게로 확대되어, 서기 89년에 시민권이 이탈리아 전체의 남성 자유인에게 적용되었고, 212년에는 로마제국의 모든 남성 자유인으로 확대되었다. 그 대신 모든 권리가 보장된 로마 시민과 참정권이 제한된 라틴 시민으로 구별되었다. 이런 로마제국의 시민 개념은 동질적인 그리스 도시국가의 시민 개념과는 달리, 로마제국 내에 사는 다양한 인종, 민족을 모두 포괄하는 법적, 정치적 개념이니는 점에서 세계시민성에 더욱 더 접근한 개념이라고 볼 수 있다.

고대 그리스 도시국가 아테네의 디오게네스 철학은 헬레니즘의 스토아 학파로 이어졌고, 이 스토아 철학은 로마에서 금욕과 극기의 철학으로 전성기를 맞았다. 스토아 철학자들은 종종 "인간은 우주라는 큰 도시의 시민(코스모폴리티스)이다"라고 주장하였다. 스토아 학파는 '모든 인간이 하나의 법과 하나의 주권 아래 하나의 우주 안에서 살고 있다'는 관점을 가지고 있었다. 이러한 스토아 철학은 다양한 인종과 민족을 지배하던 로마제국에 꼭 필요한 '보편적인 관점'을 제공하였고, 이 때문에 로마제국에서 널리 받아들여졌다. 로마의 철학자 키케로는 스토아 학파의 영향을 많이 받았다. 스토아 학파는 자연법 사상을 설파하였는데, 이 자연법 사상이 키케로를 통하여 로마법에 반영되었다. 도시국가 로마의 법은 자연법 사상을 받아들여 보편성을 지닌 만민법(萬民法)으로 변모하였다. 이처럼 사해동포주의, 세계시민사상이 로마제국에서 널리 확산한 것은 스토아 학자들의 공이다.[3]

4) 중세유럽

중세 유럽은 민주주의, 시민, 세계시민의 관점에서 역사의 퇴행이었다. 크고 작은 수많은 소국들로 분열되어 있었고, 장원(莊園)을 기반으로 한 봉건제도가 펼쳐졌다. 예외적으로 봉건영주와 계약을 맺고 자치권을 획득한 도시가 12~13세기에 나타나기는 했지만, 극히 소수에 지나지 않았다. 중세 도시의 도시민들은 주로 수공업자와 상인들로서 자유로운 신분으로 살아갔지만, 그리스 아테네의 시민과 같은 주권자는 아니었다. 그리스 아테네에서 시작하여 로마에서 만개한 '시민'은 중세 유럽에 와서 거의 사라지고 겨우 '도시'에서 명맥만 유지되고 있었다.

한편 유대인들의 종교인 유대교는 예수의 등장으로 유대인만 구원받는다는 협소한 유대인의 신앙에서 누구나 구원받을 수 있는 기독교라는 보편 종교로 탈바꿈하였다. 예수는 모든 인류는 하나님 앞에서

3) 스토아 철학과 세계시민사상에 관한 글로는 강성률, "스토아주의와 세계주의", 한국국제이해
교육학회, 「국제이해교육연구」 제14권 2호·2019년 12월. 39-60 참조.

평등하고, 모두가 같은 동포, 형제자매이며, 모두 하나님의 구원을 받을 수 있다고 설파하였다. 이러한 기독교는 로마 제국에서 공인되어 명실상부한 보편 종교로 자리매김하였다. 기독교 사상과 스토아 철학은 서로 영향을 주고받으며, "인간은 신의 창조물로서, 인간은 신을 닮았으며, 따라서 인간은 존엄한 존재"라는 교리가 성립하게 되었다.

이러한 보편 교리를 가진 기독교가 소국들로 분열된 중세 유럽에서 거의 천 년동안 지배적인 종교로 군림하면서 가장 강력한 정치 권력을 행사하였다. 이러한 기독교의 영향력으로 보편성과 보편주의가 은연중에 유럽 사회와 문화에 스며들게 되었다. 이처럼 중세 유럽에서 시민은 약화 되었지만, 보편성과 보편주의는 면면히 이어졌다.

5) 절대왕정·르네상스·종교개혁

콜럼버스가 1492년 신대륙을 발견한 이후, 에스파냐는 신대륙의 금과 은을 약탈하고, 구대륙과 신대륙 간 무역을 독점하여, 강력한 중앙집권적 절대왕정의 길로 나갔다. 에스파냐는 상비군을 창설하고, 왕권신수설을 신봉하며 왕권을 절대 권력화 했다. 왕권신수설과 절대왕정은 영국, 프랑스 등 다른 유럽 국가로 전파되었다.

이러한 왕권신수설과 절대왕정의 확산에 저항하는 흐름이 있었으니, 14~15세기에 신성로마제국 내에 존재했던 약 3천여 개의 도시가 바로 그것이다. 도시의 수공업자와 상인들은 조합(guild)을 결성하여 영주에 대항하며 신분상의 자유, 시장 개설권, 화폐 발행권, 조세 징

수권, 독자적인 사법권 등 자치권을 확보했다. 도시에 거주하는 사람은 넓은 의미에서 시민이었지만, 엄밀히 말하면 영주가 아니라 동료 시민들로부터 재판을 받을 수 있는 사람만이 시민에 속했고 이 같은 권리를 시민권이라고 했다. 시민권을 획득하려면 납세와 방위를 책임져야 했다. 이슬람, 중국과의 동방무역을 주도하던 이탈리아의 도시국가들을 중심으로 경제적 번영이 지속되면서, 시민 정치의 민주주의 전통이 부활했다. 이들 유럽 도시국가의 시민들은 절대왕정에 정면으로 도전했다.

시민의 지적 도전은 이탈리아 도시국가에서 르네상스 운동으로 발전했다. 14세기부터 16세기에 걸친 르네상스 즉 문예부흥은 신 중심의 종교적 사고에서 인간 중심의 사고를 해왔고, 인본주의 사상은 과학혁명을 가져왔다. 코페르니쿠스의 지동설과 갈릴레오의 천문학, 홉스, 로크, 루소의 사회계약론 사상, 그로티우스의 국제법 이론 전개 등이 모두 이러한 르네상스, 인본주의, 과학혁명의 결과물이다.

또 다른 움직임으로 종교개혁을 들 수 있다. 로마 가톨릭의 교황 권력은 '카노사의 굴욕'이라는 역사적 사건에서 보듯이 황제도 무릎 꿇게 할 정도로 막강한 권력이 되어 있었다. 종교가 정치 권력을 휘두르면서 면죄부의 판매와 같은 부패를 저지르자, 1517년에 마틴 루터를 시작으로 각지에서 종교개혁이 시작되었고, 장 칼뱅에 의해 개신교로 나타났다. 종교개혁으로 교황의 권력은 약화되고, 국가의 권력은 강화되었다.

가톨릭의 권위에 도전하여 종교개혁을 추진한 마틴 루터나 장 칼

뱅 같은 종교개혁가들이 오히려 권위주의적 종교 지도자였다는 지적[4]
이 있는 것을 보면, 과연 개신교가 인간을 존중하고, 자유와 평등을 옹
호했는지는 더 엄밀히 따져 보아야 할 것이다.

유럽의 경우 14~16세기에 걸쳐 절대왕정과 왕권신수설이 대두하
였고, 이에 대항하여 르네상스와 종교개혁, 과학혁명을 겪은 또 다른
유럽은 자연권 사상과 사회계약론, 기본권 개념을 정립해 나갔다.

이러한 인본주의 사상과 과학혁명, 종교개혁으로 서구 근대과학,
개신교, 계몽주의가 개화하여 결국 서구에서 근대 사회가 등장하였
다. 18세기에 서구 철학의 정점에 선 칸트는 '세계시민적 관점에서 본
보편사의 이념'이라는 글과 '영구평화론'을 저술하였다. 특히 영구평
화론은 20세기에 등장한 국제연맹과 국제연합의 사상적 실마리가 되
었다.[5]

6) 근대 유럽

17세기 유럽의 시민들은 지적 반역에 그치지 않고 혁명적인 정치 질
서를 추구하였다. 1688~1689년 영국에서 일어난 명예혁명은 권리장전
을 채택하고, 정치체제를 의회가 통치하는 입헌군주국으로 전환했다.

1776년 미국은 독립선언서에서 "모든 사람은 평등하게 태어났고,

---

4)   슈테판 츠바이크, 「다른 의견을 가질 권리」(바오출판사, 2016).

5)   칸트의 영구평화론과 세계시민주의에 대해 글로는 강성률, "세계시민주의와 칸트의 「영구평
      화론」," 한국국제이해교육학회. 「국제이해교육연구」 제13권 2호·2018년 12월. 1-38.

92   세계시민교육과 SDGs

하나님은 몇 개의 양도할 수 없는 권리를 부여했으며, 그 권리 중에는 생명과 자유와 행복의 추구가 있다. 이 권리를 확보하기 위하여 인류는 정부를 조직했으며, 이 정부의 정당한 권력은 인민의 동의로부터 유래하고 있다."[6]라고 자연법, 인권 개념, 민주주의 사상을 밝히고 있다. 미국은 건국하며 인류 역사상 처음으로 입법, 사법, 행정의 삼권분립과 견제와 균형, 법에 의한 통치와 4년 임기의 대통령제 등 민주공화정을 채택하였는데 이는 인류 정치사에 처음 있는 일이었다.

1789년 프랑스 대혁명은 왕을 단두대로 처형하고, 새로운 정치, 사회를 추구한 인류 역사상 진정한 혁명이었다. 프랑스 대혁명 이후 채택한 '인간과 시민의 권리 선언' 제1조는 "인간은 권리에 있어서 자유롭고 평등하게 태어나 생존한다. 사회적 차별은 공동 이익을 근거로 해서만 있을 수 있다."[7]고 선언했는데, 프랑스 대혁명은 민주주의와 인권 발전에 그 무엇보다 중요한 분기점이 되었다. 프랑스 혁명의 3대 구호인 자유, 평등, 박애(fraternity)를 보면, 인류 형제애를 담은 박애 정신을 통해, 세계시민사상이 여전히 살아 있음을 확인할 수 있다.

영국 명예혁명, 미국 독립선언서, 프랑스 인간과 시민의 권리선언은 시민이 정치의 주체가 되는 결정적 계기를 만들었고, 오늘날 민주주의와 시민 개념이 형성, 발전하는데 귀중한 역사적 계기가 되었다.

---

6) The Declaration of Independence(미국독립선언문)는 미국 기록보관소에 원본이 있다. *https://www.archives.gov/founding-docs/declaration*

7) Déclaration des droits de l'Homme et du citoyen(인간과 시민의 권리선언)은 1789년 프랑스 대혁명 이후 채택하였다.

17~18세기 시민 개념이 확고하게 자리 잡는 것과는 달리 세계 시민 개념은 주권 개념과 민족주의의 등장으로 인해 오히려 후퇴하게 된다. 1618부터 1648년까지 오늘날의 독일 지역에서 30년간 벌어진 30년 전쟁이 끝나고 1648년 베스트팔렌 조약이 체결되면서 주권(sovereignty) 개념과 주권 국가 개념이 역사의 전면에 등장한다. 그리고 18세기 말 나폴레옹의 등장으로 유럽에서 민족주의가 나타나고, 민족국가(nation state) 개념이 확산하였다. 특히 산업혁명으로 부유해진 서구 국가들이 세계 각지에 식민지를 만들면서 제국주의 시대가 도래하고, 이에 저항하는 저항적 민족주의가 퍼져 나갔다. 이러한 제국주의 국가 간 민족주의와 식민지의 저항적 민족주의는 국가와 국민, 민족을 최우선시하는 국가주의, 민족주의 열풍을 가져와 19세기와 20세기를 풍미하였다.

19세기와 20세기는 강렬한 민족주의 시대였다. 산업혁명으로 자본주의가 발달한 서구 선진국은 제국주의 국가로 변모하여 서로 식민지 쟁탈전을 벌였으며, 아프리카, 남미, 아시아의 국가들은 식민지로 전락하여 독립을 위한 저항적 민족주의를 신봉하게 된다.

이러한 민족주의가 역사의 전면에 등장하면서 서서히 세계시민사상은 역사의 뒷면으로 사라지게 된다.

7) 20세기의 세계

제1차 세계대전 후 유럽과 미국은 국제연맹 창설에 합의하였으나,

제대로 기능하지 못해 다시 제2차 세계대전이 발발하였다. 제2차 세계대전 후 유럽과 미국은 국제연합을 창설하였고, 75년이 넘게 순항하고 있다. 모두 국가주의, 민족주의에서 벗어나고자 하는 새로운 시도였다.

세계시민 전통은 두 차례의 세계적 대전을 겪고 제국주의 시대가 사라지면서 다시 등장하게 된다. 1945년 유엔의 창설과 1948년 세계인권선언의 채택은 바로 세계시민사상의 부활이라고 할 수 있다.

유엔 헌장 제 1조 3항은 "경제적·사회적·문화적 또는 인도적 성격의 국제문제를 해결하고 또한 인종·성별·언어 또는 종교에 따른 차별 없이 모든 사람의 인권 및 기본적 자유에 대한 존중을 촉진하고 장려함에 있어 국제적 협력을 달성한다."[8]고 천명하고 있다.

세계인권선언[9]도 제1조 "모든 사람은 태어날 때부터 자유롭고, 존엄하며, 평등하다. 모든 사람은 이성과 양심을 가지고 있으므로 서로에게 형제애의 정신으로 대해야 한다." 제2조 "모든 사람은 인종, 피부색, 성, 언어, 종교 등 어떤 이유로도 차별받지 않으며, 이 선언에 나와 있는 모든 권리와 자유를 누릴 자격이 있다."와 같이 세계시민사상을 담고 있다. 또한, 제13조 "모든 사람은 자기 나라 영토 안에서 어디든 갈 수 있고, 어디서든 살 수 있다. 또한, 그 나라를 떠날 권리가 있고, 다시 돌아올 권리도 있다."와 같이 이미 1948년도에 시대를 앞선

<hr />

8) 유엔 헌장은 UN 홈페이지 참조.
9) 세계인권선언 한글 번역본은 국가인권위원회 인권교육센터 참조.
    https://edu.humanrights.go.kr/academy/eduinfo/worldHnrtList.do

매우 혁명적인 '인간의 자유로운 이동'을 선언하고 있다.

오늘날 이러한 세계인권선언의 정신은 거의 모든 국가의 헌법에도 반영되어 있다. 대한민국 헌법 10조는 "모든 국민은 인간으로서의 존엄과 가치를 가지며, 행복을 추구할 권리를 가진다. 국가는 개인이 가지는 불가침의 기본적 인권을 확인하고 이를 보장할 의무를 진다."[10] 고 명기하고 있다.

제1, 2차 세계대전으로 두 차례의 참화를 겪은 유럽은 국가주의, 민족주의에서 벗어나려고 하였다. 1950년대 초부터 장 모네(Jean Monnet)와 로베르 쉬망(Robert Schuman)같은 선각자들이 유럽석탄철강공동체를 주창하고, 이를 실현했으며, 유럽 공동시장을 형성하고, 유럽 통합을 추진하여 결국 유럽연합(EU)을 만들어 내었다. 지금도 유럽인이라는 공동의 정체성을 형성하려고 에라스뮈스, 코페르니쿠스 같은 각국 대학생 교류 프로그램을 추진하고 있다. 또한, 유럽에는 2001년에 설립된 Global Education Network Europe(GENE) 이 있으며, Council of Europe이 설립한 North-South Center 등 세계시민성을 함양하는 단체가 여러 개 설립되어 활동하고 있고, 세계시민교육도 적극 펼쳐왔다.

반면에 2차 세계대전이 끝난 후 독립하기 시작한 신생 독립국들은 대부분 민주주의와 공화정을 헌법에 명기하고 민주 공화국으로 출발하였지만, 실질적으로는 일당 독재체제, 과두정 혹은 전제정치가 만

───────────────

10) 대한민국 헌법은 국가법령정보센터 참조. https://www.law.go.kr/lsEfInfoP.do?lsiSeq=61603#

연하였다. 빈곤과 내전 등으로 어려움에 부닥친 이들 국가에서 시민이 형성되기 어려웠고 민주주의가 뿌리내리기 힘들었다. 많은 신생 독립국들은 국가형성(nation building)과 발전을 위해 민족주의에 호소하였다. 국가 혹은 민족의 정체성을 형성하려면 민족주의가 필요했고, 빈곤에서 벗어나 발전을 이룩하려면 민족주의가 절실했다. 1970년대와 80년대에는 국제경제체제의 구조적 불평등성을 지적하는 종속이론에도 기울었으나 별반 소득은 없었다. 오늘날에도 이들 국가는 여전히 지역 공동체, 세계시민성 보다는 민족주의에 더 의존하고 있어 세계시민 의식의 확산이 쉽지 않다.

2. 유네스코의 교육: 국제이해교육에서 세계시민교육으로[11]

제2차 세계대전 직후인 1946년에 창설된 유네스코는 "전쟁은 인간의 마음에서 비롯되는 것이므로 평화 또한 인간의 마음에서 구축해야 한다."(Since wars begin in the minds of men and women, it is in the minds of men and women that the defences of peace must be constructed.)는 헌장 서문의 철학에 따라 교육과 문화를 통해 세계 평화를 달성하려는 것이 궁극적 목적인 국제기구이다.

::::::::::::::::::::::::::::::::::::

11)　이 글은 한국국제이해교육학회 지음, 「모두를 위한 국제이해교육」(서울: 살림터, 2015) pp. 39-48에 수록된 필자의 글 "유네스코 어떠한 교육을 추구하는가?"를 수정, 보완하여 작성하였다.

유네스코가 창설된 이래 유네스코는 교육 분야에서 크게 두 가지로 대별되는 교육을 추진해 왔다. 첫 번째가 글을 읽고, 쓰고, 이해하는 문해교육으로, 이 범주에는 기초교육, 성인교육, 의무교육, 초등교육 보편화, 모두를 위한 교육(Education for All: EFA) 등이 포함된다. 누구나 글을 읽고 쓰고 이해하는 것은 기본적 인권이며, 교육에의 접근(access)을 누구에게나 보장하고자 하는 철학이 그 바탕이다. 이런 교육이 주된 사업이 된 것은 그 시대적 상황 때문이었다. 戰後 상당수 성인들이 글을 해독하지 못했으며, 가난한 나라의 아동들은 학교에 갈 수 없는 상황이었다. 이를 타개하기 위해서는 학교와 교사, 교과서가 필요하였고, 성인학습센터와 막대한 재정이 투입되어야 했다. 이러한 시급한 교육 문제 해결을 위해 유네스코는 문해교육, 성인교육, 기초교육을 대표적 교육 사업으로 추진했다.

두 번째는 무엇을 가르칠 것인가 하는 교육의 내용에 관한 것이었다. 두 번의 세계대전을 겪고 나서 창설된 유네스코는 다시는 이와 같은 비극을 되풀이하지 않기 위해서 갈등과 분쟁의 씨앗이 되는 교육을 평화를 심는 교육으로 바꾸고자 하였다. 유네스코 헌장 서문이 바로 이러한 염원을 담은 것이다. 그 첫 번째 시도가 독일과 프랑스의 역사, 지리 교과서 개편 작업이었다. 오랜 앙숙인 독일과 프랑스의 역사, 지리 교과서는 상대방 국가에 대한 증오와 편견을 심어주는 원천이었다. 유네스코는 1940년대 후반부터 1950년대 초반까지 독일과 프랑스 역사 교과서 개편 작업에 착수하여 이를 성공적으로 끝냈다. 이 경험을 바탕으로 유네스코는 국제이해교육을 주창하였다.

이후 국제이해교육은 문화간 이해 교육, 평화교육, 인권교육, 유엔 등 국제기구 교육을 주된 내용으로 진행되다가 1970년대 지구환경 문제가 심각하게 부각되자, 1980년대부터 환경교육을 포함하였다. 2000년대 들어 환경과 지속가능발전 개념을 연계하여 지속가능발전교육이라는 새로운 이름의 교육을 제안하였고, 유엔은 2005년부터 2014년까지를 유엔 지속가능발전교육 10개년으로 지정하여 이를 지원하였다. 2012년 9월 유엔 사무총장의 세계교육우선구상을 통해 세계시민교육이 국제적 논의의 전면에 등장하였고, 2015년 유엔이 지속가능발전목표(SDGs)를 채택할 때, 세계시민교육이 SDGs 4.7에 포함되었다.

이처럼 유네스코의 평화교육, 인권교육, 문화간 교육 등은 개별적으로, 또 이를 아우르는 국제이해교육이란 이름으로 세계시민교육의 선구자 역할을 하였고, 지속가능발전교육 역시 세계시민교육과 유사하면서도, 강조점을 달리하며 함께 가고 있다.

여기에서는 세계시민교육의 뿌리인 국제이해교육을 살펴보고, 거기에서 갈라져 나온 지속가능발전교육과 세계시민교육에 대해 살펴보고자 한다. 다만, 1940년대 후반부터 50년대 초반에 진행된 유럽의 역사와 지리 교과서 수정 작업은 국제이해교육을 탄생시킨 토양이기 때문에 여기에서부터 출발하고자 한다.

1) 유럽 역사·지리 교과서 수정 활동

유네스코는 제2차 세계대전이 이웃국가들 사이의 역사·지리적 분쟁과 갈등에서 비롯되었다고 보고, 독일과 프랑스, 독일과 폴란드 간의 역사·지리 교과서를 수정하는 작업을 시작하였다. 이러한 작업은 유네스코 창설 전부터 시작되었다. 유네스코 설립을 추진하던 준비위원회는 교과서 향상을 위한 자료를 출판 하기로 하였다. 이를 이어받아 유네스코가 창설된 직후 역사·지리 교과서 수정 작업은 공식적인 사업으로 채택되고, 활발하게 전개되었다. 1946년에 개최된 제1차 유네스코 총회는 교과서 수정에 관한 9개조의 결의안을 채택하였으며, 1947년 프랑스 세브르에서 교과과정 개편 회의를 개최하였다. 유네스코는 1949년에 '역사 교과서 향상을 위한 틀'을 채택하였고, 1950년에 '교과서 상호수정에 관한 제1차 세미나'를 개최하였다. 이어 1950년 브뤼셀과 1952년 세브르에서의 역사 교과 회의, 1950년 몬트리올의 지리 교과 회의, 1953년 프랑스와 독일의 언어 교과 회의 등 1950년부터 1953년까지 역사·지리 교육 향상을 위한 세미나를 여러 차례 개최하였다. 1952년에는 제1회 독일-프랑스 교사 회의가 '국제 교과서 향상 연구소'(International Institute for the Improvement of Textbook)에서 개최되었다. 이 회의에는 미국과 영국의 교사도 참가하였다. 이러한 유네스코의 활동은 자민족중심주의로 서술된 역사·지리 교과서를 개편하고자 하는 시도였다. 이후 역사 교사들 간의 문제의식 공유와 토론은 여러 유럽 국가들과 남미국가들, 그리고 아프리카 국가들과 발칸 국가들에서도 펼쳐졌다.

유네스코 역사·지리 교과서 수정 작업에 일찍부터 참여해온 독일의 게오르그 에케르트 연구소(Georg Eckert Institute)는 탈냉전 이후인 1990년대 초, 유네스코 국제 교과서 연구소 네트워크(UNESCO International Network of Textbook Research Institutes)를 출범시켰고, 현재 산하에 Global Textbook Resources Center(GLOTREC)를 두고 있다.

유네스코는 공동의 역사 이해와 해석을 위해 1960년대부터 직접 아프리카 통사, 카리브해 통사, 중앙아시아 통사 등의 발간을 추진해왔다. 이런 대륙별 통사 집필 및 발간 사업은 역사 해석을 둘러싼 갈등과 분열을 원천적으로 해소하고자 시작되었다. 그리고 분쟁과 증오를 일으키는 역사 서술에서 탈피하여, 인류가 공유하고, 공존하는 역사 서술이 가능하다는 것을 보여주는 좋은 사례가 되었다. 그러나 아직도 아시아에는 이런 공통의 역사 서술이 없어, 앞으로 추진해야 할 과제이다.

유네스코가 1974년에 채택한 국제이해교육 권고(Recommendation concerning Education for International Understanding, Co-operation and Peace and Education relating to Human Rights and Fundamental Freedoms)[12] 제45조는 "회원국은 폭넓은 교과서 교류, 그 중에서도 특히 역사와 지리 교과서 교류를 장려해야 하며, 또한 적절한 지역에서 그리고 가능하다면 쌍무 협정이나 다자간 협정을 체결해 그들 자료가

∷∷∷∷∷∷∷∷∷∷∷∷∷∷∷∷∷∷∷∷∷∷∷∷∷∷∷∷∷∷∷∷∷

12) 국제이해교육권고(Recommendation concerning Education for International Understanding, Co-operation and Peace and Education relating to Human Rights and Fundamental Freedoms) 원문은 UNESCO 다음 사이트 참조.
http://portal.unesco.org/en/ev.php-URL_ID=13088&URL_DO=DO_TOPIC&URL_SECTION=201.html
국제이해교육권고 한글 번역본은 정우탁, "유네스코 어떠한 교육을 추구하는가?" 한국국제이해교육학회 지음, 「모두를 위한 국제이해교육」(서울: 살림터, 2015) pp. 359 참조.

정확하고, 적절하며, 새로우며, 편견이 없다는 것을 보장하고 다른 나라 사람과 지식을 나누고 이해를 촉진할 수 있는 상호 연구와 교과서 및 기타 교육 자료 개정을 위한 조치를 위해야한다."라고 역사·지리 교과서 개정과 교류를 적극적으로 장려하고 있다. 앞으로 이 권고에 따라 한국과 일본, 한국과 중국 간의 상이한 역사 해석이 해소되는 날이 오기를 기대해 본다.

유네스코는 〈1996~2001 중기전략〉에서 이웃 국가 간에 대화를 통해 역사·지리 교과서 수정 및 개편을 하도록 다시 권고하기도 하였다.

2) 국제이해교육

유럽에서 독일과 프랑스 간 역사 교과서 수정 작업이 성공적으로 진행되면서 유네스코는 자신감을 갖고 국제이해교육을 주창하게 되었다. 그리고 국제이해교육을 시범적으로 실천할 유네스코학교 (UNESCO Associated School)도 지정하기 시작했다.

1953년에 시작된 유네스코학교 사업은 국제이해교육을 주요 내용으로 삼고 있다. 초창기 유네스코 학교에서의 국제이해교육은 주요 주제로 첫째, 문화간 이해 교육, 둘째, 평화교육, 셋째, 인권교육, 넷째 유엔 등 국제기구 교육 등 네 가지였다. 1970년대 지구 환경 문제가 심각하게 부각 되자, 1980년대부터 환경 교육이 포함되었으며, 2000년대 들어 환경과 지속가능발전 개념을 연계하여 지속가능발전교육이 등장하자 지속가능발전교육이 주요한 주제로 부상하였다. 오늘날에는 세계시민교육도 유네스코학교의 주요 주제로 포함되었다.

• 문화간 이해 교육

유네스코는 창설 이래 문화간 이해의 중요성을 강조해왔다. 이는 제1, 2차 세계 대전이 상호 편견과 불신으로 비롯된 것이라는 생각이 깔려있기 때문이었다. 유네스코 헌장 서문에는 '서로의 풍습과 생활에 대한 무지는 인류 역사를 통해 세계의 여러 인민들 사이에 의혹과 불신을 초래한 공통적인 원인이며 이 의혹과 불신 때문에 여러 인민의 불일치가 너무나 자주 전쟁을 발발시켰다.'[13]라고 기술되어 있는데, 이러한 헌장 서문은 문화 이해가 평화의 초석이라는 것, 그리고 교육을 통해 문화 이해를 높여야 한다는 철학이 반영된 것이다. 문화간 이해 교육은 이러한 다른 풍습과 생활에 대한 무지와 편견을 제거하여 상호 친선과 평화를 가져오기 위한 교육이다.

제2차 세계대전 이후 본격화된 냉전체제로 인해 유네스코는 평화교육과 인권교육을 추진하기가 쉽지 않았다. 따라서 50년대와 60년대 국제이해교육의 주된 내용은 다른 나라 문화를 이해하는 문화간 교육이 중심이 되었다. 국제 교통망과 국제 통신망이 초보적 수준으로 전개되었기 때문에 책과 사진을 통해 이색적인 다른 나라 문화를 배우는 것이 일반적인 모습이었다. 1960년대 한국의 유네스코 학교들은 다른 나라 우표를 전시하고, 다른 나라 옷과 음악, 춤, 전통 의상 등을

---

13) 유네스코 헌장 한글 번역본은 유네스코한국위원회 홈페이지 참조.
   https://unesco.or.kr/assets/pdf/unesco_constitution.pdf

소개하였다.

서구에서 문화간 이해 교육은 외국인들이 본격적으로 유입되어 함께 살게 된 1970년대와 80년대에 미국과 캐나다에서 다문화교육(Multicultural Education)으로, 유럽에서 상호문화교육(Intercultural Education)이란 이름으로 대체되기 시작하였다. 다문화교육은 주로 미국과 캐나다, 호주 등 이민자로 이루어진 국가에서 종래의 동화교육이 아닌 이민자 문화도 인정하고 상호 공존하는 교육 정책이다. 상호 문화교육은 프랑스, 독일 등 유럽 국가들이 과거 식민지였던 국가에서 이민이 늘어나고, 외국인 거주자가 증가하자 이들 이민자의 문화와 언어도 가르치고, 이해하자는 교육정책이다.

2005년 문화 다양성 협약이 유네스코에서 채택되고, 2007년부터 효력을 발휘하기 시작하면서 최근에는 유네스코를 중심으로 문화 다양성 교육이란 이름으로 새롭게 묶여진 교육이 주목받고 있다.

• **평화교육**

유네스코의 창설 이념이 교육과 문화를 통한 세계 평화의 구축이었다. 그러나 창설 이래 40여 년간 동서 냉전이 벌어지면서 세계 평화를 위한 유네스코의 활동은 제한적일 수밖에 없었다. 미국을 중심으로 한 자유민주주의, 자본주의 국가들과 소련을 중심으로 한 공산주의, 사회주의 국가 간의 대립 속에서 유네스코의 평화교육은 상대방 진영을 향한 정치적 선전의 도구로 활용되었다. 정부 간 국제기구의 하나인 유네스코는 회원국 정부들의 영향력 아래에 있기 때문에 이러한 국제 냉전 체제를 무시하고 독자적인 목소리를 낼 수 없었고, 따라서 평화교육은 위축될 수밖에 없었다. 냉전 시기 유네스코의 평화교육은 명목상으로만 존재했다고 평가할 수 있다.

1986년에 「폭력에 관한 세비야 선언」을 채택하였는데, 이 선언의 핵심은 인간성에 폭력성이 내재해 있다는 것을 부인하는 것이었다. 1989년 유네스코는 아이보리코스트 야무수크로에서 세계평화 회의를 개최하고 '세계평화선언'을 채택하였으며, 1989년 제25차 유네스코 총회에서 The Felix Houphouet Boigny Peace Prize를 제정하였다. 그러나 이러한 유네스코의 평화 분야 활동들은 국제 사회에 미치는 영향력이 아주 미미했다.

1990년대 탈냉전 시대가 도래하면서 유네스코는 더 본격적으로 평화교육 활동을 전개할 수 있게 되었다. 1994년에 '평화의 문화'(Culture of Peace)라는 슬로건을 채택하고, 1995년 국제이해교육의 두 번째 국제규범인 평화 인권 민주주의 교육에 관한 선언 및 행동 강령(Declaration and Integrated Framework of Action on Education for Peace, Human Rights and Democracy)[14]을 유네스코 총회에서 채택하였다.

1990년대 새뮤얼 헌팅턴의 「문명의 충돌」이 세계적 논쟁거리가 되자, 유엔과 유네스코는 2000년을 국제 평화 문화의 해(International Year for the Culture of Peace)로 지정하여 평화 문화라는 용어를 세계

---

14) 평화 인권 민주주의 교육에 관한 선언 및 행동 강령(Declaration and Integrated Framework of Action on Education for Peace, Human Rights and Democracy) 원문은 유네스코의 다음 사이트 참조. https://unesdoc.unesco.org/ark:/48223/pf0000112874

에 소개했으며, 유엔은 2001년부터 2010년까지 10년간을 유엔 평화 문화의 해 10개년으로 지정해서 평화 문화라는 용어를 전 세계적으로 확산 하였다. 그뿐만 아니라 후속으로 2010년 문화 간 화해의 해(International Year for the Rapprochement of Cultures)를 선포하였고, 2013~2022년을 문화 간 화해 10개년(International Decade for the Rapprochement of Cultures)으로 설정하여 문명의 충돌이 아닌, 문화간 화해를 주창하였다. 이러한 일련의 움직임은 유네스코가 더 적극적으로 평화교육을 강조한 것으로 평가된다.

• 인권교육

인권은 역사적으로 영국, 프랑스, 미국 등 인권의 삼각지에서 발원하여 전 세계로 확산한 보편 가치의 하나이다. 인권 개념은 서구 계몽주의 철학에 기반을 두고 있고, 세계인권선언으로 보편성을 획득하였다. 그러나 동서 냉전 시기에는 인권에 대한 논의가 이념 지형에 따라 달라서 오히려 갈등의 중심이 되었다. 서구 자유민주주의 국가들은 시민적, 정치적 인권을 강조하였고, 공산권 국가들은 경제적, 사회적 인권을 강조하였다. 이러한 인권의 정치 도구화로 인해 냉전 시기 국제이해교육은 인권이란 주제를 제대로 다룰 수 없는 정치적으로 민감한 주제였다. 1990년대 탈 냉전 이후 서구적 인권 가치가 보편적 가치로 받아들여지면서 인권교육이 국제이해교육의 주요한 주제로 부각되었다.

1948년에 채택된 '세계인권선언'(Universal Declaration of Human

Rights)은 인권교육의 출발점이다. 일찍이 1964년에 유네스코 본부는 '세계인권선언 교본'을 발간하여 전 세계에 배포하였다. 그러나 냉전 시기 인권 문제는 너무 민감한 정치적 이슈였다. 1970~80년대 들어 '민주주의의 제3의 물결'로 민주주의가 전 세계적으로 확산하면서, 또한 1980년대 후반 소련·동유럽이 붕괴하고 1990년대 탈냉전 시대가 도래 하면서, 인권교육이 자유롭게 논의되기 시작하였다.

탈냉전 후 1993년 빈에서 개최된 '세계인권회의'는 인권 논의의 기폭제가 되었다. 빈 세계인권회의에 앞서 유네스코는 캐나다 몬트리올에서 '인권 및 민주주의 교육에 관한 국제회의'를 개최하여 빈 '세계인권회의'에 대비한 유네스코의 입장을 정리하였다.

이어서 1994년 유네스코 국제교육국(International Bureau of Education: IBE)이 제네바에서 개최한 제44차 국제교육회의에서 '평화, 인권 및 민주주의를 위한 교육에 관한 선언 및 통합 활동 강령'을 채택하였다. 또한, 1994년 *Education for Human Rights*를 발간하고, 1998년에는 인권 교육 매뉴얼인 *All Human Beings*를 발간하였으며, 2009년에는 OSCE/ODIHR, Council of Europe, OHCHR 등과 함께 *Human Rights Education in the School Systems of Europe, Central Asia and North America:A Compendium of Good Practice*도 발간하였다. 1995년부터 2005년까지 '유엔 인권교육 10개년' 동안 다양한 인권교육 자료를 발간하였다. 그러나 유엔인권최고대표사무소가 인권교육을 적극적으로 추진하면서 유네스코는 인권교육의 비중을 예전보다 줄여가고 있다.

• 환경교육

 지구 환경에 대한 최초의 경고는 1960년대 초 레이첼 카슨의 「침묵의 봄」(Silent Spring)이라는 책을 효시로 꼽는다. 레이첼 카슨은 살충제의 남용이 곤충과 새를 멸종시킨다는 사실을 알리며 경종을 울렸다. 이후 로마클럽이 「성장의 한계」를 출판하여 인류의 미래에 대해 경고했다. 이러한 지구 환경에 대한 우려의 목소리를 반영하여 역사상 최초로 1972년에 유엔 인간환경회의(United Nations Conference on the Human Environment)가 스웨덴 스톡홀름에서 개최되었다. 이 회의 후속 조치로 유엔환경계획(UNEP)이 설립되고, 지구 환경 문제가 국제적 의제로 부상하였다. 환경문제에 대해 유네스코는 '환경교육'의 측면에서 접근하여 유엔환경계획과 함께 환경교육 교재를 발간하고, 국제이해교육에도 이를 주제로 포함시키고, 유네스코 학교를 통해서도 환경교육을 장려해왔다. 1973년 캐나다 퀘벡에서 열린 유네스코 학교 창설 20주년 기념 국제회의에서 '인간과 자연간의 상호작용 이해'라는 새로운 주제를 활동 주제로 추가한 것이 그것이다.

 유네스코 학교를 통한 대표적인 환경교육 프로젝트로는 발트해 주변의 핀란드, 스웨덴, 노르웨이, 덴마크 등 9개 국가 300개 학교가 참가하여 1989년에 시작한 발트해 프로젝트를 꼽을 수 있다. 1995년 6월에는 노르웨이 베르겐에서 초·중·고등학생을 대상으로 세계유산보호와 청소년의 역할에 관한 유네스코 국제 청소년 회의를 개최하여, 세계유산과 환경 보호를 함께 생각해 보게 하였다.

- **국제이해교육의 최근 동향**

유네스코는 1974년 국제이해교육의 헌법이나 마찬가지인 국제
이해교육 권고(Recommendation concerning Education for International
Understanding, Co-operation and Peace and Education relating to Human
Rights and Fundamental Freedoms)를 동서 양 진영의 타협 하에 유네
스코 총회에서 채택하였다. 이후 1994년 10월 스위스 제네바에서 개
최된 제44차 국제교육회의에서 평화 인권 민주주의 교육에 관한 선
언 및 행동 강령(Declaration and Integrated Framework of Action on
Education for Peace, Human Rights and Democracy)이 채택되고, 1995년
10월 제28차 유네스코총회는 이를 지지 결의하였다.

유네스코는 일찍이 1947년, '국제이해에 영향을 주는 긴장
들'(Tensions affecting international understanding)이란 프로젝트를 통
해, 회원국의 초·중·고와 대학에서의 '국제이해교육'(education for
international understanding)에 대해 조사를 하고, 세미나를 개최하였다
는 기록이 있다. 국제이해교육은 유네스코 창설 이래 지속해서 추진
된 것이다.

1974년에 채택한 국제이해교육 권고에 의하면 '국제이해교육'이
란 단순히 국제적 이해를 높이기 위한 교육이 아니라 국제이해와 협
력, 국제 평화와 인권, 기본적 자유를 함양하기 위한 교육을 의미한
다. 즉 타국의 문화를 이해하고, 협력을 강화하는 제반 교육적 활동
뿐만 아니라 평화교육, 인권교육 등을 모두 포함한 총체적 교육 활동
을 말한다.

오늘날 국제이해교육 용어는 지속가능발전교육, 세계시민교육의 등장으로 유네스코 공식 문서에서 거의 사라졌다. 전 세계적으로도 거의 찾아보기 힘들지만, 다만, 일부 유네스코 회원국에서는 여전히 활발하게 사용되고 있다. 일본의 경우 국제이해교육학회가 조직되어 있고, 국제이해교육이란 용어를 아직도 사용하고 있다. 중국도 공교육에서 국제이해교육을 하고 있다. 한국은 2000년 초반에 국제이해교육학회를 창설하여 김신일, 정두용, 한경구, 강순원, 한건수, 박순용 등 이 분야 전문가들이 회장을 하며, 대학교수와 초·중·고 교사를 회원으로 받아들여 오늘날까지 활발하게 활동하고 있다. 한국에서는 국제이해교육이란 용어도 여전히 공교육에서 사용하고 있다.

3) 지속가능발전교육

지속가능발전(sustainable development)이란 용어는 지구 환경도 보호하면서 경제적인 발전도 추구한다는 의미이다. 처음 이 용어가 등장한 것은 1987년에 발표된 유엔의 보고서 「우리 공동의 미래」, 일명 브룬틀란 보고서였다.[15] 이 보고서에서 '미래 세대가 그들의 필요를 충족시킬 능력을 저해하지 않으면서 현재 세대의 필요를 충족시키는 발전'으로 지속가능발전을 정의하였다. 지속가능한 발전은 1992년에 브라질의 리우데자네이루에서 열린 유엔환경개발회의(UNCED)에서

---

15) World Commission on Environment and Development, *Our Common Future*(Oxford University, 1987).

21세기 지구환경보전을 위한 기본 원칙으로 채택되었으며, 2002년 요하네스버그에서 열린 지속가능발전 정상회의 이후 지속가능발전이란 개념이 국제사회에 완전히 자리 잡았다. 유엔은 2005년부터 2014년까지 10년을 〈유엔 지속가능발전교육 10개년〉(UN Decade of Education for Sustainable Education: UNDESD)으로 선포하여 전 세계적으로 지속가능발전교육을 강조하였다. 유엔이 드물게 교육 이슈를 결의하고 주창한 것이다. 지속가능발전교육은 경제, 사회, 환경이라는 세 가지 영역을 모두 포괄하며, 환경 교육, 개발 교육, 평화 교육, 인권 교육 등을 지속가능발전교육의 주요한 내용으로 삼고 있다. 이러한 교육을 관통하는 핵심 개념은 지속가능성으로, 지속가능한 사회와 미래가 가능하도록 교육하고 있다.

2014년 11월 나고야에서 유엔 지속가능발전교육 10개년을 최종 평가하고 마무리하는 회의가 개최되었다. 이 회의에서 다음 단계로 지속가능발전교육 글로벌 행동사업(Global Action Program: GAP)[16]을 추진할 것을 결의하였다. 유네스코는 GAP 사업을 2015년부터 2019년까지 전 세계 지속가능발전교육 파트너 기관들을 대상으로 추진하였다. 2019년 유네스코 총회에서 Framework for the implementation of Education for Sustainable Development(ESD) beyond 2019[17]

---

[16] 지속가능발전교육의 글로벌 행동사업(Global Action Program: GAP)에 관해서는 다음 참조.
https://en.unesco.org/globalactionprogrammeoneducation

[17] 〈ESD 2030〉의 모태가 된 2019년 유네스코 총회 결의안은 다음 참조.
https://unesdoc.unesco.org/ark:/48223/pf0000370215.locale=en

이 채택되었고, 유엔은 2019년 12월 A/RES/74/223. Education for sustainable development in the framework of the 2030 Agenda for Sustainable Development[18]를 채택하였다. 이러한 유네스코와 유엔의 결의안 채택으로 지속가능발전교육은 지속가능발전목표(SDGs) 달성을 위한 가장 핵심적인 교육으로 부상하고 있다. 이러한 지속가능발전교육의 추동력은 일본 정부의 20년간에 걸친 지속적인 지원도 많은 기여를 하였다. 일본 정부는 〈UNESCO 지속가능발전교육상〉을 만들어 유네스코와 공동으로 전 세계 지속가능발전교육 기관혹은 교육자를 대상으로 매년 시상하고 있다.

4) 세계시민교육

유네스코의 국제이해교육은 2000년대 들어 지속가능발전교육으로 나아가고, 2015년 이후 세계시민교육으로 나타났다. 국제기구 공동체에서 세계시민교육이 등장하게 된 것은 2012년 반기문 당시 유엔 사무총장이 '세계교육우선구상'(Global Education First Initiative: GEFI)를 주창하면서 시작되었다. 모든 어린이가 학교에 다녀야 하고, 교육의 질을 높여야 하며, 이제는 글로벌 시민을 양성해야 한다는 세 가지 내용을 담은 세계교육우선구상은 한 달 후인 2012년 9월 유엔 사무총장의 정식 이니셔티브로 공식화되었다. 반기문 사무총장의 요청에 따

---

18) 2019년 12월 유엔 결의안은 다음 참조. https://undocs.org/en/A/RES/74/223

라 유네스코는 세계교육우선구상의 사무국 역할을 맡았으며, 세계시민교육도 주도하게 되었다.

유네스코는 세계시민교육을 추진하기 위해 2012년~2013년에 걸쳐 유네스코 교육부서 산하의 평화·지속가능발전국 내에 세계시민교육 담당과(課)를 신설하였다. 유네스코가 세계시민교육과 관련하여 추진한 첫 사업은 2013년 9월 9일부터 10일까지 세계 세계시민교육 전문가 30여 명을 초청하여 서울 아태교육원에서 개최한 세계시민교육 전문가 회의(Technical Consultation on Global Citizenship Education)였다. 이 회의에서 세계시민교육의 개념, 세계적 현황과 향후 추진 방향등을 논의하고, 그 결과물로 *Global Citizenship Education: An Emerging Perspective*라는 작은 책자를 출간하였다.

이어서 2013년 12월 방콕에서 제1회 유네스코 세계시민교육 포럼(UNESCO Forum on Global Citizenship Education)이 전 세계 전문가, 정책결정자, NGO 관계자, 청년 등 120여 명이 참가한 가운데 개최되어, 전 세계적 동향을 점검하고 향후 전개 방향을 심도 있게 논의하였다.

세계시민교육이 유네스코의 미래 의제로 공식화하는 데 있어 가장 중요한 과정은 2014년 5월 오만에서 개최된 Global EFA Meeting(GEM)이다. 이 회의에 한국 정부와 유네스코 아태교육원은 유네스코 본부와 공동으로 세계시민교육에 관한 세션을 마련하였다. 이 세계시민교육 세션에서 각국의 교육부 장관, 차관, 국장 등 고위 정책결정자들이 세계시민교육이 중요성을 인지하고, Post-EFA의 주요한 세부목표(Target)의 하나가 되어야 한다는 데 합의하였다. 최종 결과물인 무스카트 합의문(Muscat Agreement)의 세부목표(Target) 5에 세계시민교육이 포함되었다.[19] 이는 유네스코에서 처음으로 세계시민교육을 공식화한 문서이다.

2014년 8월 방콕에서 개최된 아태지역 교육회의(APREC)에서 오만 GEM 회의를 지지하는 아태지역 선언문을 채택하였다. 2015년 1월 말 제2회 유네스코 세계시민교육 포럼이 개최되었는데 여기에서 유네스코 세계시민교육 클리어링 하우스를 아태교육원에 설치하는 출범식을 가졌다.

마침내 2015년 5월 인천 유네스코 세계교육포럼에서 인천선언을 통해 세계시민교육은 유네스코의 공식 의제에 포함되었다. 그리고 그 해 9월 유엔에서 글로벌 의제인 지속가능발전목표(SDGs)를 채택할 때 SDG 4.7에 세계시민교육도 남겼다. 이어 2015년 11월 제38차 유네스코 총회에서 세계시민교육을 포함한 유네스코 교육 2030[20]을 채택하는 것으로 이 의제 설정과정은 마무리되었다.

이렇게 오늘날 세계시민교육이 널리 받아들여지게 된 이유는, 탈냉전 후 세계화, 지구화 시대에 접어들었지만 이를 이해하고, 실천하

---

19) Muscat Agreement의 전문은 유네스코 다음 사이트 참조.
http://www.unesco.org/new/fileadmin/MULTIMEDIA/FIELD/Santiago/pdf/Muscat-Agreement-ENG.pdf
20) 인천선언과 행동강령을 담은 UNESCO Education 2030에 관해서는 다음 사이트 참조.
http://uis.unesco.org/sites/default/files/documents/education-2030-incheon-framework-for-action-implementation-of-sdg4-2016-en_2.pdf

는 교육이 드물었기 때문이다. 또한 오늘날 세계화 현상이 안고 있는 한계와 문제점에 대한 답답함이 반작용으로 기능하여, 많은 사람이 세계시민교육에 열광하는 이유가 되기도 하였다. 상품과 금융 자본은 국경을 넘어 자유로이 넘나들고 있으나, 인간의 자유로운 이동은 여전히 제약받고 있는 현실, 여전히 민족주의와 영토 분쟁이 지속되고 있는 현실, 인종 차별과 배타주의, 외국인 혐오가 사라지지 않는 현실, 심각한 지구 환경위기에도 자국의 경제적 이익만을 도모하는 정치인들에 대한 실망 등이 세계시민교육에 대한 열렬한 지지를 만들어 내었다. 21세기는 새로운 가치관과 철학이 필요한데, 교육은 애국심과 민족주의, 자국우선주의만을 강조하고 있기에, 이에 실망한 사람들이 세계시민교육에 기대를 걸고 있다.

세계시민교육은 국민국가 공동체의 시민이라는 소속감과 정체성을 부인하는 것이 아니라, 국민국가의 시민이라는 정체성에 더하며 지구 공동체의 시민이라는 또 다른 정체성을 갖는, 다층적·다중적 정체성을 추구한다.

유네스코가 추구하는 세계시민교육의 핵심 내용은 교육을 통해 세계시민 의식 다른 말로 세계시민성을 함양하는 것이다. 세계시민 의식은 '국경을 가로지르는 시민 의식', '탈 국민국가 시민의식', '코스모폴리타니즘'(cosmopolitanism), '지구시민 의식'(planetary citizenship) 등과 같이 표현되기도 하는 사회문화적 관념으로, 지구·인류 공동체에 대한 소속감, 연대감, 집단적 정체성, 집단적 책임감을 의미한다. 또한 세계시민교육은 더 나은 세계, 더 나은 미래를 추구한다는 관점을

2017년 3월 캐나다 오타와에서 개최된 제3회 유네스코 세계계시민교육 포럼

바탕에 두고 있기에 평화, 인권, 민주주의, 정의, 차별금지, 다양성, 지속가능성 등의 인류 보편적 가치를 존중하는 의식을 그 안에 내포한다고 할 수 있다.

2015년 세계시민교육이 지속가능발전목표(SDGs) 4.7에 포함된 이후, 유네스코는 2년마다 세계시민교육 국제회의를 개최해 오고 있다. 2017년에는 캐나다 오타와에서, 2019년에 베트남 하노이에서 유네스코 세계시민교육 회의를 개최하였다.

아태교육원은 2016년 이후 매년 세계시민교육 국제회의를 서울에

2019년 베트남 하노이에서 개최된 제4회 유네스코 세계시민교육 포럼

서 개최하고 있으며, 2019년에는 세계시민교육 분야 단체와 개인들을 회원으로 하는 〈세계시민교육 글로벌 네트워크〉를 결성하였다. 그뿐만 아니라, 글로벌 연수와 온라인 연수도 시작하였고, 최빈국과 개도국을 대상으로 3년에 걸친 세계시민교육 커리큘럼 개발 지원 사업도 추진하고 있다.

3. 학계에서의 세계시민사상과 세계시민교육 연구 동향

오랜 역사를 지닌 코스모폴리타니즘은 한쪽 극단에 아나키즘, 다른 극단에 세계 정부를 두고 그 사이에서 사해동포주의 등 다양한 스펙트럼을 보여왔다. 코스모폴리타니즘이라는 단어가 지닌 특정 함의(含意), 즉 이상주의, 비현실성, 이타주의, 유토피아 같은 이미지 때문에 20세기 후반기에 접어들면서 세계시민(Global Citizen)이란 단어, 세계시민사상(Global Citizenship) 혹은 세계시민철학, 세계시민주의, 세계시민 의식이라는 용어가 새롭게 회자되었다.

1990년대부터 코스모폴리타니즘을 포함하여, 세계시민사상, 세계시민교육에 대해 옥스팜(Oxfam)과 같은 국제원조 단체, 유네스코, 유니세프 같은 국제기구뿐만 아니라, 학자들에 의해서도 연구와 논의가 진척되었다.

대표적인 세계시민 사상가인 마사 누스바움(Martha Nussbaum)은 1994년에 발표한 *Patriotism and Cosmopolitanism*이란 글에서 "어느 나라에 태어난 것은 우연한 사건이기 때문에 이것이 인류애의 장벽이 되어서는 안 된다"고 주장하였다.[21] 마사 누스바움은 *For Love of Country: Debating the Limits of Patriotism*란 제목으로 1996년 단행본을 발간하기도 하였다.[22] 2018년에는 *The Monarchy of Fear: A Philosopher Looks at Our Political Crisis*,[23] 2019년에는

---

21) Martha Nussbaum, *Patriotism and Cosmopolitanism*, The Cosmopolitanism reader, 1994, 155–162 참조.

22) Martha Nussbaum, *For Love of Country: Debating the Limits of Patriotism*(Boston: Beacon, 1996).

23) Martha Nussbaum, *The Monarchy of Fear: A Philosopher Looks at Our Political Crisis*(New York: Simon & Schuster Paperbacks, 2018), 마사 누스바움, 「타인에 대한 연민」(서울: 알에이치코리아, 2020).

The Cosmopolitan Tradition: A Noble but Flawed Ideal[24]를 발간하는 등 왕성한 활동을 하고 있다.

일본의 비평가이자 사상가인 가라타니 고진(柄谷行人)도, 「세계공화국으로」,[25] 「세계사의 구조」[26] 등의 저술을 통해 국가를 넘어서는 미래 세계의 가능성을 논하고 있다.

한국의 경우 2019년에 출판된 「한반도 세계시민성 담론 연구」[27]라는 소책자에 담긴 박명림의 '세계시민과 세계시민주의에의 요청: 철학적 사유의 여정(I)', 한경구의 '한반도 세계시민성 담론의 역사 문화 성찰', 이우영의 '세계시민 담론과 한국 사회' 등의 글과, 2021년 초에 출판된 「세계시민학 서설」[28]에 있는 유재원의 '네 편의 시로 본 고대 세계시민주의', 배기동의 '인간 다양성의 기원과 필연성의 이해', 이희수의 '문명 간 대화와 세계시민', 임지현의 '지구적 기억 연대와 세계시민교육' 등은 이 분야의 시론적 연구물이다.

세계시민교육의 측면에서 살펴보면, 린 데이비스(Lynne Davies)는 2005년에 발표한 *Schools and war: Urgent agendas for*

---

24) Martha Nussbaum, *The Cosmopolitan Tradition: A Noble but Flawed Ideal*(New York: Belknap Press, 2019), 마사 누스바움, 「세계시민주의 전통: 고귀하지만 결함 있는 이상」(서울: 뿌리와 이파리, 2020).

25) 가라타니 고진 지음, 조영일 옮김, 「세계공화국으로」(도서출판 b, 2007).

26) 가라타니 고진 지음, 조영일 옮김, 「세계사의 구조」(도서출판 b, 2017).

27) 강순원·박명림·이우영·한경구 지음, 「한반도 세계시민성 담론 연구」(유네스코한국위원회, 2019).

28) 세계시민포럼 엮음, 김다원·배기동·유재원·이희수·임지현·전주영·정우탁 저, 「세계시민학 서설」(주류성, 2021).

*comparative and international education*란 논문에서 명확히 global citizenship education이란 용어를 사용하며, "비교교육학 연구가 세계시민성 연구를 통해 우리의 정체성 개념을 확장시켜줄 필요가 있다"고 주장하였다.[29] 제임스 뱅크스(James Banks)도 2008년 논문 *Diversity, group identity, and citizenship education in a global age*에서 Education for National and Global Citizenship이라는 소제목을 사용하면서, 세계시민교육의 핵심 개념인 Transformative education이란 개념을 소개하고 Transformative Citizen이 될 것을 강조하였다.[30] 바네사 안드레오티(Vanessa de Oliveira Andreotti)와 린 마리오 수자(Lynn Mario T. M. de Souza)는 2012년에 *Postcolonial Perspectives on Global Citizenship Education*[31]이란 단행본을 발간하였고, 특히 바네사 안드레오티(Vanessa Andreotti)는 2014년 *Soft versus critical global citizenship*[32]이라는 논문을 통해 우호, 친선 같은 부드러운 세계시민교육만 교실에서 가르칠 것이 아니라, 강대국과 약소국 간의 불평등한 권력 관계, 선진국과 개도국 간 불균등한 경제 구조도 교실에서 가르쳐야 한다고 주장하였다. 2015년에는 일련의

29) Lynn Davies, *Schools and war: Urgent agendas for comparative and international education. 2005, Compare*, 35(4), 366–367.

30) Banks, J. A. (2008). Diversity, group identity, and citizenship education in a global age. Educational researcher, 37(3), 129–139.

31) Vanessa de Oliveira Andreotti, and Lynn Mario T. M. de Souza, *Postcolonial Perspectives on Global Citizenship Education*(NY: Routledge, 2012).

32) Vanessa de Oliveira Andreotti(2014). *Soft versus critical global citizenship education*. Development Education in Policy and Practice. London: Palgrave Macmillan. 21–31.

학자들에 의해 *Decolonizing Global Citizenship Education*[33]이 출판되었고, 영국의 글로벌 개발 NGO인 옥스팜은 2015년에 「학교에서의 세계시민교육 안내서」[34]와 「세계시민교육 교사 지침서」[35]를 발간하기도 하는 등 꾸준히 세계시민교육을 강조해 오고 있다. 2016년에 카를로스 토레스(Carlos Torres)와 마시밀리아노 타로지(Massimilliano Tarozzi)가 *Global Citizenship Education and the Crisis of Multiculturalism*[36]이란 책을 출판하였고, 또 토레스 교수 중심으로 Critical Global Citizenship Education 시리즈 9권을 2017년부터 2021년 사이에 출판하였다. 윌리엄 가우델리(William Gaudelli)도 *Global Citizenship Education: Everyday Transcendence*[37]를 출판하였고, 하버드대 페르난도 라이머(Fernando Reimers)는 *Empowering Global Citizens: A World Course*[38]라는, 교사가 수

33) Ali A. Abdi, Lynette Shultz et al, *Decolonizing Global Citizenship Education*(Rotterdam, Netherlands: Sense Publishers, 2015).

34) Oxfam, *Education for Global Citizenship : A Guide for Schools*(Oxfam, 2015). *https://oxfamilibrary.openrepository.com/bitstream/handle/10546/620105/edu-global-citizenship-schools-guide-091115-en.pdf?sequence=11&isAllowed=y*

35) Oxfam, *Global Citizenship in the Classroom : A Guide for Teachers*(Oxfam, 2015). https://oxfamilibrary.openrepository.com/bitstream/handle/10546/620105/edu-global-citizenship-teacher-guide-091115-en.pdf?sequence=9&isAllowed=y

36) Massimilliano Tarozzi and Carlos Alberto Torres, *Global Citizenship Education and the Crisis of Multiculturalism*(London: Bloomsbury, 2016).

37) William Gaudelli, *Global Citizenship Education: Everyday Transcendence*(New York : Routledge, 2016).

38) Fernando Reimers et al, Empowering Global Citizens: A World Course(CreateSpace Independent Publishing Platform, 2016).

업에 사용할 수 있는 교재를 발간하였다. 2018년에는 이안 데이비스,
리넷 슐츠 등이 *Global Citizenship Education*[39]을 발간하였고, 이
안 데이비스는 디나 키완 등과 함께 *The Palgrave Handbook of
Global Citizenship and Education*[40]이라는 두툼한 단행본도 출판
하였다.

린 데이비스, 디나 키완, 제임스 뱅크스, 카를로스 토레스, 리넷 슐
츠, 이안 데이비스, 페르난도 라이머, 바네사 안드레오티 등은 세계시
민교육에 관한 연구를 꾸준히 해 오면서 세계시민교육의 뼈대를 구축
하고 있다.

한국의 경우 2000년에 창립된 한국국제이해교육학회[41]가 세계시
민교육을 다루는 대표적인 학회이다. 학회가 연 3회 간행하는 학술지
인 「국제이해교육연구」[42]에 세계시민교육에 대한 대표적인 연구 논문
들이 수록되고 있다. 2013년에 출간된 박순영의 *Global Citizenship
Education: Goals and Challenges in the New Millennium*[43]은

---

39) Edda Sant, Ian Davies, Karen Pashby, Lynette Shultz, *Global Citizenship Education*
     (London: Bloomsbury, 2018), 에다 센트·이언 데이비스·캐런 패시비·리넷 슐츠 지음, 심성
     보·조우진·유성상 옮김, 「세계시민교육」(다봄교육, 2021).

40) Ian Davies, Li-Ching Ho, Dina Kiwan, Carla L. Peck, Andrew Peterson, Edda Sant, Yusef
     Waghid, *The Palgrave Handbook of Global Citizenship and Education*, 1st ed., (London:
     Palgrave Macmillan, 2018).

41) 한국국제이해교육학회 홈페이지 http://www.koseiu.or.kr

42) 「국제이해교육연구」는 다음 참조 http://www.koseiu.or.kr/index.php?hCode=BOARD&bo_
     idx=3

43) Soon-Young Park, *Global Citizenship Education: Goals and Challenges in the New
     Millennium*(APCEIU, 2013).

한국에서 본격적으로 세계시민교육에 대해 연구한 효시가 되는 영문 단행본이다. 한국 학계의 세계시민교육 전문가들의 글을 모은 「한국 세계시민교육이 나아갈 길을 묻다」,[44] 김진희의 「글로벌 시대의 세계시민교육 이론과 쟁점」(2017), 「다문화교육과 세계시민교육의 이론과 쟁점」(2019)이란 단행본, 2019년에 출판된 「한반도 세계시민성 담론 연구」[45]에 담긴 강순원의 '세계시민교육의 관점에서 바라본 한반도 세계시민성' 등 최근 다수의 연구 업적들이 나오고 있다.

|||||||||||||||||||||||||||||||||||||||||||||

44) 유네스코아시아태평양국제이해교육원 기획, 「한국 세계시민교육이 나아갈 길을 묻다」(살림터, 2020).

45) 강순원·박명림·이우영·한경구 지음, 「한반도 세계시민성 담론 연구」(유네스코한국위원회, 2019) pp. 149-202.

세계시민교육의 현재

1. 21세기 세계시민교육의 등장

1945년부터 1990년까지는 전 세계가 미국을 중심으로 하는 자본주의 진영과 소련을 중심으로 하는 공산주의 진영으로 나누어져 치열하게 대립한 냉전 시대였다.

1990년 소련·동유럽이 무너지고 탈냉전의 시대가 도래하면서 명실상부한 지구화 시대가 시작되었다. 지구화 시대의 등장과 함께 나타난 새로운 개념, 아니 새롭게 각색되어 등장한 철학이 세계시민성 혹은 세계시민사상이다. 여기에는 세 가지 요인이 함께 작용하였다.

첫째, 지구화 시대가 도래하면서, 세계 단일 상품 시장과 세계 단일 금융 시장이 형성되었고, 생산과 소비가 전 지구적 차원으로 확대되었다. 자본과 노동의 국제적 이동이 활발하게 이루어지고, 다국적 기업, 초국적 기업이 출현한 것이다. 더 이상 국가 단위의 시장으로는 충분한 이윤을 창출할 수 없게 된 것이다.

둘째, 지구화 시대가 도래하면서 국경을 넘어 세계를 넘나드는 기업인, 이주노동자, 국제 관광객의 수가 기하급수적으로 늘어났다. 국가 영역내에서 모든 것을 해결하던 사람들이 국경을 넘어 사업을 하고, 돈을 벌고, 여행을 즐기게 된 것이다.

셋째, 1990년대 심각해진 지구 환경 문제로 지구 전체를 아우르는 관점이 확산 되었다. 지구온난화는 기후변화 정도가 아니라 기후 위기를 초래하여 지구에서의 인간의 생존권을 위협하고 있다. 뿐만 아니라 지구 전체의 심각한 빈부 격차 문제가 전 지구적 이슈로 대두되면서 역시 지구촌 전체를 하나의 단위로 바라보는 관점이 확산 하였다.

2000년 새천년 개발 선언과 새천년개발목표(MDGs)가 유엔에서 첫 번째 글로벌 의제로 채택된 것은 이러한 지구화 시대의 상징적 산물이다. 새천년개발목표에 이어 2015년 유엔이 두 번째 글로벌 의제로 채택한 지속가능발전목표(SDGs)는 세계시민교육을 포함하였는데, 이는 그만큼 세계시민성이 중요한 화두로 떠올랐다는 것을 의미한다.

그러나 1990년부터 2015년까지 약 25년간 잘 진행되어온 세계시민성 운동이 2016년부터 타격을 받기 시작했다. 2016년 6월 영국의 유럽연합 탈퇴 - Brexit - 선언, 그리고 그해 11월 미국 대선에서 'America First'를 내건 트럼프의 당선은 지구화와 세계시민성에서 국가로의 퇴각을 가져왔다. 포퓰리즘 정치가 득세하고, 자유무역이 비난의 대상이 되었다. 세계무역기구와 유네스코 등 국제기구와 지역 경제 공동체는 공격을 받았다.

2020년 1월 시작된 Covid-19 Pandemic은 이러한 국익 추구의 각자도생 전략에 전대미문의 국경 봉쇄와 차단이라는 현상을 가져왔다. 세계가 국경을 단위로 단절되는 초유의 사태를 가져왔다. 인종 차별과 국경 봉쇄로 세계시민성은 설 자리를 잃어가고 있다.

그러나 호모 사피엔스의 역사를 보면, 이동과 이주를 통해 이 지구의 구석구석까지 퍼져나가 성공하였다. 호모 사피엔스는 집단생활과 협력으로 생존을 도모하고, 나아가 고도의 인류 문명을 발전시켜왔다. 이주와 이동, 집단생활과 협력은 인류의 독특한 DNA이다. 다른 유인원과는 다른, 이주와 이동의 유전자, 집단 생활과 협력의 유전자를 가졌기에 인류는 이 지구상에서 성공적으로 정착하고, 이 지구의 가장 최상위 포식자로 등극할 수 있었다. 이러한 인간의 이주와 이동의 역사를 이해하고, 집단생활과 협력의 문화를 제대로 성찰한다면, 백신이 개발되고, 안전한 여행이 가능해졌을 때, 인류는 여전히 글로벌 협력과 교류를 계속할 것으로 예견된다.

2. SDG 4.7 '세계시민교육'의 내용

2015년에 유엔이 채택한 지속가능발전목표(SDGs) 4.7의 내용은 "2030년까지 모든 학습자들이 지속가능발전 및 지속가능 생활 방식, 인권, 양성평등, 평화와 비폭력 문화 증진, 세계시민 의식, 문화다양성 및 지속가능발전을 위한 문화의 기여에 대한 교육을 통해, 지속가능발전을 증진하기 위해 필요한 지식 및 기술 습득을 보장한다."이다. 문장은 길고 복잡하지만, 여기서 중요한 것은 첫째, 지속가능발전교육, 둘째, 세계시민교육 단 두 가지이다. 왜냐하면 유엔은 2030년까지 달성해야 할 지속가능발전목표를 채택한 후, 매년 고위정책포럼(High-level Political Forum)을 개최하여, 지속가능발전목표의 달성 정도를 모니터링하고 있는데, SDGs 4.7에서는 지속가능발전교육과 세계시민교육 단 두 가지만 측정하기 때문이다.

유엔은 SDGs 4.7 – 지속가능발전교육과 세계시민교육의 측정 지표로 첫째, 각국 교육 정책에 얼마나 반영되고 있는지, 둘째, 각국 교육 커리큘럼에 얼마나 반영되고 있는지, 셋째, 각국 교사 교육에 얼마나 반영되고 있는지, 넷째 학생들은 얼마나 알고 있는지 등 네 가지 지표(indicator)를 설정하여, 진척 상황을 측정하고 있다.

세계시민교육의 목표는 학습자의 세계시민 의식과 역량을 키워서, 평화, 정의, 관용, 포용, 지속가능성이 존재하는 세계를 만드는 데 학습자가 능동적으로 기여하게 하는 것이다.

세계시민교육은 학습자들로 하여금 인류가 공동으로 직면하는 문제들에 대한 관심을 촉구하고, 지구촌 공동체에 대한 소속감, 연대감 및 책임감을 고양하며, 인권, 사회정의, 다양성, 평화, 지속가능발전의 가치를 내재화 하도록 하는 교육이다. 또한 오늘날 주요 글로벌 이슈 및 지구촌의 상호의존성에 대한 통합적 지식 및 비판적 이해의 바탕 위에, 인류 공동의 문제를 평화롭고 지속가능하게 해결해 나갈 수 있는 소통, 협업, 창의 및 실천의 기술을 습득하고 역량을 키워나가는 것을 목표로 하는 교육이다.

SDGs 4.7에서는 세계시민교육을 우선적으로 정규교육에 초점을 맞추고 있다. 하지만 궁극적으로 이를 달성하려면 학교 밖 성인들도 포함, 평생교육 차원에서도 세계시민교육이 이루어져야 한다. 따라서 여건이 허락한다면, 정규교육, 비형식(non-formal)교육, 무형식(informal) 교육 등 모든 교육에서 세계시민교육을 추진하는 것이 필요하다. 또한 학교 교육에서도 기존의 여러 다양한 교과과목에서 세계시민 의식을 고양할 수 있도록 가르쳐야 한다.

한국은 세계시민교육의 확산을 위해 최빈국, 개도국의 세계시민교육 커리큘럼 개발을 아태교육원을 통해 지원하고 있다. 또한 2015년부터 2017년까지 매년 유엔에서 아태교육원이 주유엔 대한민국대표부와 공동으로 연례 세계시민교육 포럼을 개최하였고, 2018년부터는 유엔 공보국(DPI)과 공동으로 세계시민교육 포럼을 개최하였다. 그리고 2018년에는 유앤 세계시민교육 우호국가그룹(Group of Friends)도 구성하였다. 그러나 2020년에 Covid-19 팬데믹이 발생하면서 아쉽게도 많은 사업들이 소강상태에 들어 갔다.

3. 아태국제이해교육원의 세계시민교육 사업

세계시민교육이 유엔 지속가능발전목표에 포함된 2015년 이후 아태교육원은 세계시민교육의 글로벌 중심(Hub) 역할을 수행하며, 전 세계에 세계시민교육을 전파하는 중추적 역할을 수행하고 있다. 첫째, 세계시민교육을 가르칠 교사의 양성, 둘째, 세계시민교육 커리큘럼의 개발, 셋째, 세계시민교육 네트워크 형성, 넷째 세계시민교육 홍보 및 확산 등 네 분야를 통해 다양한 새로운 사업을 개발, 추진하였다. 활동의 대상 범위도 아시아 태평양 지역에서 아프리카, 아랍, 남미, 유럽 등 전 세계를 대상으로 넓혀 나갔다. 여기에서는 유엔과 유네스코의 파트너로서 세계시민교육을 전세계적으로 전파하기위해 일선에서 선도적 역할을 하고 있는 아태교육원의 세계시민교육 사업을 살펴보고자 한다.

1) 개도국 대상 세계시민교육 커리큘럼 개발 사업

　세계시민교육이 SDGs 4.7에 포함된 이후, 가장 필요한 것이 개도국의 세계시민교육 교육과정 개발이었다. 아태교육원은 이 시급한 과제를 해결하기 위해 2015년 스위스 제네바 소재 유네스코 교육국(International Bureau of Education: IBE)과 손을 잡고 10개국을 대상으로 사례 조사를 실시한 다음, *Global Citizenship Concepts in Curriculum Guidelines in 10 Countries: Comparative Analysis* (2015)을 발간하였다.

　이를 토대로 2016년부터 개도국을 대상으로 하는 세계시민교육 커리큘럼 개발 지원 사업을 시작하였다. 이 사업은 해당국가 교육부와

2017년 3월 아태교육원에서 개최된 제1차 2단계 세계시민교육 커리큘럼 개발 사업 참석자

공식협정을 맺고 3년간 진행되는 사업이다. 2016년부터 2018년까지의 1차 사업은 유네스코 교육국과 공동으로, 캄보디아, 우간다, 몽골, 콜럼비아 4개국을 선정으로 시작하였다. 처음 시도하는 사업으로 3년 동안 시행착오를 겪으면서도 괄목할 만한 성과를 거두었다. 캄보디아의 경우 행 춘 나롱(Hang Chuon Naron) 교육부 장관의 적극적인 지원에 힘입어 국가교육과정에서 사회·도덕 과목과 역사 과목 두 과목에서 세계시민교육을 반영한 커리큘럼 개정을 완료하였다. 우간다의 경우 로지 아고이(Rosie Agoi) 유네스코 우간다 위원회 사무총장이 적극 나서고, 교육부가 적극 지원하여, 세계시민교육 교사지침서와 노래책, 동화책 등 교육 교재를 개발하였고, 이를 정규 학교와 난민 학교에 보급, 사용하고 있다. 몽골과 콜롬비아는 세계시민교육 교사지침서를 발

2019년에 시작한 케냐의 제2차 세계시민교육 커리큘럼 개발 사업 담당자

스리랑카에서 진행된 세계시민교육 커리큘럼 개발 연수

간하였다. 2019년부터 2021년까지 필리핀, 스리랑카, 케냐, 레바논을 선정해 지원하였는데 필리핀의 경우 교육부와 필리핀 사범대학교가 활발하게 세계시민교육 커리큘럼을 개발하고, 보급하고 있다.

2) 세계시민교육 전 세계 네트워크 구축

아태교육원 단독으로 전 세계 세계시민교육 활동을 전부 수행할 수가 없기 때문에 일찍부터 전 세계의 이 분야 유관기관을 파악하고 이를 연결하기 위해 노력해 왔다. 2016년에 세계시민교육과 비슷한 분야 활동을 하는 세계 각국 단체와 기관들에 관해 조사를 시작하였고, 그 해 남미와 아랍, 유럽 지역 유관기관들을 직접 방문하여 현장

2016년 11월 아태교육원에서 개최된 세계시민교육 네트워크 준비회의

2017년 4월 남아공 요하네스버그에서 개최된 아프리카 네트워크 회의

조사를 시작하였다. 그리고 2016년 11월 9~11일 아태교육원에서 세계시민교육 네트워크 출범 회의를 개최하였다. 이 회의에는 전 세계 36개 세계시민교육 관련 기관 대표가 초청되어, 향후 글로벌 네트워크를 출범시키기로 합의하였다.

2017년부터 2018년까지 전 세계를 돌면서 지역별 네트워크를 구

2017년 10월 이집트 룩소르에서 개최된 아랍지역 네트워크 회의

축하하였다. 2017년 4월 6~7일 남아프리카 요하네스버그에서 유네스코 하라레사무소와 공동으로 〈아프리카 네트워크 회의〉를 개최하였다. 이 회의에는 동남부 아프리카 국가들이 주로 참석하여 아프리카 전체를 대표한다기 보다, 동남부 아프리카 네트워크 회의라고 하는 것이 더 정확할 것이다. 2017년 10월 13~14일 이집트 룩소르에서 유네스코 베이루트 사무소와 협력하여 〈아랍 네트워크 회의〉를 개최하였다. 아랍 국가들은 첫날 세계시민교육에 대해 서구적 편향이라고 성토하였으나, 둘째 날, 세계시민교육이 필요하다는데 대체로 동의하여 무난하게 회의가 마무리되었다. 아랍지역은 네트워크 결성 후 제2차 회의가 2018년 10월 오만 무스카트에서 개최될 정도로 활발하게 움직이고 있다. 2017년 10월 23~24일 칠레 산티아고에서 유네스코 산티아

2018년 5월 인도네시아 자카르타에서 개최된 아태지역 네트워크 회의

고 사무소와 공동으로 〈라틴아메리카 카리브해 네트워크 회의〉를 개최하였다. 남미의 경우 스페인과 포르투갈의 제국주의 지배 하에서 원주민이 시민으로 인정받지 못한 역사적 유산, 그리고 가난한 사람들은 시민권도 부여되지 않았던 과거 역사 때문에 시민권에 대한 성토와 논쟁으로 점철되어 세계시민교육에 대해 심층 논의는 못했지만

2018년 11월 포르투갈 리스본에서 개최된 유럽 네트워크 회의

우여곡절 끝에 네트워크가 결성되었다. 어려운 과정을 다 극복하고 2017년 한 해에 아프리카, 아랍, 남미 지역 네트워크가 형성되었다. 2018년 5월 3~4일 인도네시아 자카르타에서 유네스코 아태지역 본부와 협력하여 〈아태지역 네트워크 회의〉를 개최하였다. 2018년 11월 21~22일 포르투갈 리스본에서 유네스코 본부 및 유네스코 베니스 사

2019년 9월에 개최된 세계시민교육 전 세계 네트워크 출범 회의

2020년에 비대면으로 개최된 세계시민교육 네트워크 회의

무소와 공동으로 〈유럽·북미지역 네트워크 회의〉를 개최하였다. 이로써 모든 지역별 네트워크가 모두 다 발족하였다.

이런 지역별 네트워크를 바탕으로 2019년 9월 아태교육원이 주최한 제4회 세계시민교육 국제회의 개최 기간 중에 세계시민교육 글로벌 네트워크가 발족하였다. 네트워크를 구축하는 활동에는 아태교육원의 필리핀 출신 직원이었던 리고베르토 반타의 역할이 매우 컸다.

세계시민교육네트워크는 참여 기관들이 서로 역할 분담도 하고, 협력도 해서 보다 쉽게 세계시민교육을 전 세계에 뿌리내리는 가장 효율적인 메커니즘으로 자리매김하고 있다.

3) 세계시민교육 On-line 강좌

2016년부터 세계시민교육 온라인 강의 개발 준비 작업을 시작하였고, 2017년에 온라인 강좌 개발 전담 부서를 설치하여 본격적으로 온라인 강좌 개발이 시작되었다. 2018년에 세계시민교육 입문, 인권, 평화, 세계시민교육 방법론 등 7개 온라인 강의를 개설, 연 인원 500여 명, 이수율 50%라는 좋은 성과를 거두었다. 온라인 강의는 오프라인 강의로는 감당할 수 없을 정도로 늘어나는 연수 수요에 대한 대비책이자, 향후 미래 트랜드의 변화에 선제적으로 대응하기 위한 것이다. 2020년부터 Covid-19 팬데믹 상황에서 어쩔 수 없이 비대면 온라인 강의가 필수가 되면서 세계시민교육도 온라인 강좌가 대세가 되었다.

4) 유네스코 세계시민교육 Clearinghouse

프랑스 파리에서 2015년 1월 28일부터 30일까지 개최된 제2회 유네스코 세계시민교육 포럼 기간 중, 2015년 1월 28일, 유네스코 본부에서 많은 회의 참석자들이 지켜보는 가운데, 유네스코 최수향 국장,

이상진 주 유네스코 대한민국 대표부 대사, 그리고 필자가 무대에 올라 유네스코 클리어링하우스의 공식 설립을 알리는 출범식을 가졌다.

아태교육원에 서버를 둔 클리어링 하우스는 전 세계의 세계시민교육 정보와 자료를 영어, 프랑스어, 스페인어, 아랍어, 러시아어, 중국어, 한국어 등 7개 국어로 서비스하는 전 세계 유일의 세계시민교육 정보 플랫폼이다.

또한 아태교육원은 제2회 유네스코 세계시민교육 포럼에서 '글로벌시민교육을 위한 지식 공유, 네트워킹 및 협력'을 주제로 둘째 날 병렬 세션을 개최하여 유네스코 세계시민교육 클리어링하우스의 주요 특징과 기능 등 세부사항을 소개하고 전 세계 관련 정보 수집 계획 등을 밝혔다.

클리어링하우스는 세계시민교육에 관한 양질의 검증된 정보와 자료를 한 곳에 모아 제공함으로써 기관에 흩어져 있는 정보를 공유하고 세계시민교육을 전 세계로 확산하는데 기여하고 있다.

5) 세계시민교육 국제회의

아태교육원 주최로 2016년부터 매년 개최하고 있는 〈세계시민교육 국제회의〉(International Conference on Global Citizenship Education)는 명실상부한 세계적 세계시민교육 전문 국제회의다. 2017년 회의에는 부탄 교육부장관을 비롯해 500여 명이 참여했다. 세계시민교육 우수 페다고지와 우수 교육 사례를 발표하도록 하는 매우 실제적이고

2016년 제1회 세계시민교육 국제회의

2017년 제2회 세계시민교육 국제회의

2018년 제3회 세계시민교육 국제회의

2019년 제4회 세계시민교육 국제회의

비대면으로 열린 2020년 제5회 세계시민교육 국제회의 사진

실용적인 이 국제회의에는 매년 참여자 수도 늘어나고 있고, 특히 자비로 참가하는 국제 참여자도 증가하고 있다. 2018년 서울 롯데호텔에서 개최된 세번째 회의에는 반기문 전 유엔사무총장과 브리오네스 필리핀 교육부 장관이 기조 강연을 하였으며, 이틀 동안 1,000여 명이 넘는 청중이 참석하여 이 회의의 진가를 보여주었다.

2018년 제3회 세계시민교육 국제회의 광경

2018년 제3회 세계시민교육 국제회의에 참석한 아오야기 유네스코 방콕 사무소장, 브리오네스 필리 핀 교육부 장관, 필자(오른쪽부터)

6) 글로벌 세계시민교육 연수 및 후속 현지연수

아태교육원은 2000년 창설 이래 아태지역을 대상으로 한 국제이해교육연수를 실시하여 그 명성을 높여 왔다. 세계시민교육이 글로벌 의제가 된 2015년 이후에는 전 세계 교육계 인사들을 대상으로 한 세계시민교육 전문 연수가 필요해졌다. 이에 따라 2016년부터 아랍, 남미, 아프리카, 동유럽도 연수 대상 지역에 포함하여 전 세계 교사 교육가 연수를 새로이 시작하게 되었다. 이들 글로벌 연수 참가자들이 귀국 후에 후속 전달 연수를 하도록 권장하여, 필리핀, 인도네시아, 말라위, 레소토, 토고, 잠비아, 부탄, 가나, 세네갈, 아프가니스탄, 오만 등 여러 나라에서 후속 연수가 개최되었다. 글로벌 연수 참가자들

제3회 글로벌 세계시민교육 연수 참가자들

글로벌 연수 모습

제4회 글로벌 연수 참가자들

파키스탄 이슬라마바드에서 열린 세계시민교육 회의

이 세계시민교육을 전 세계적으로 확산하는 첨병 역할을 하고 있는 것이다.

7) 세계시민교육 청소년연수

전 세계 청소년을 세계시민으로 양성해야 한다는 움직임은 2015 년 유엔과 유네스코가 공동으로 설립한 세계교육우선구상(GEFI) 사무국에서 시작되었다. 아태교육원은 첫 번째 GEFI 청소년 대표 회의를 2015년 3월 부산 금정구에 유치하여 성공적으로 개최하였다. 2016년 에도 한국에서 개최된 다음, 2017년부터는 세계시민교육 청소년 연수

로 탈바꿈하여 한국에서 매년 계속 개최되고 있다. 전 세계 청소년들을 대상으로 공개 모집하여 선발하는데, 매년 전 세계 천명 이상의 청소년들이 응모하며, 약 50명 내외의 청소년들을 참가자로 선발한다.

8) 유엔 세계시민교육 포럼

2015년에 시작한 유엔 세계시민교육 포럼은 2016, 2017, 2018년
에도 계속 미국 뉴욕 유엔 본부에서 개최되었고, 2018년에는 세계시
민교육에 관련된 유엔 본부 회의에 아태교육원이 무려 3차례나 참석
하는 확산세가 이어졌다. 2017년까지 주 유엔 대한민국 대표부와 함
께 개최했던 포럼을 2018년부터는 유엔 공보국(DPI)과 매년 함께 개최
하게 되었다.

이 과정에서 오준, 조태열 두 유엔 대사의 전폭적인 지원과 한충
희, 박철주 두 차석대사의 역할이 컸다. 또한 유엔에서 세계시민교육
NGO 활동을 하고 있는 정은희 IVECA 대표도 매번 아태교육원 세계

2017년 유엔 세계시민교육 회의

시민교육 회의에 참석하고, 발언하였다.

　유엔은 2030년까지 세계시민교육이 포함된 지속가능발전목표를 총괄하는 중심기관이기에 아태교육원이 유엔에서 정기적으로 세계시민교육에 관한 포럼을 개최하는 것은 매우 뜻깊은 일이다.

2018년 유엔 공보국과 공동 개최한 세계인권선언 70주년 기념 세계시민교육 포럼에서 기조강연하고 있는 조효제 교수

2018년 유엔에서 개최된 세계시민교육 우수사례 발표자들

2018년에 열린 유엔 세계시민교육 우호국 회의에서 발표하는 필자

우호국(Group of Friends) 회의 참가자

9) 평가

　세계시민교육을 전 세계에 소개하고 보급하는데 아태교육원은 독보적인 기여를 하였다. 이러한 아태교육원의 공헌을 다음 세 가지 직접 경험을 통해 필자가 확인할 수 있었다.

　첫 번째 경험은, 제 39차 유네스코 총회 개최 기간 중이던 2017년 11월 2일, 아태교육원 주최로 〈세계시민교육 오찬 회의〉를 유네스코 본부 7층 레스토랑에서 개최하였을 때였다. 약 100명 정도 들어가는 장소가 각국 교육부 장관, 차관, 대사들로 꽉 차, 세계시민교육에 대한 각국의 호응과 열의를 직접 느낄 수 있었다. 오후 1시부터 3시까지 진행된 2시간 동안의 오찬 회의에서 필리핀 교육부 장관, 캄보디아 교

성황리에 개최된 제3회 세계시민교육 국제회의

2018년 제3회 세계시민교육 국제회의에서 기조강연하는 반기문 전 유엔 사무총장

육부 장관, 우간다 교육부 장관, 감비아 교육부 장관 등 여러 나라 교
육부 장관들이 세계시민교육의 중요성을 밝히고 국제적 협력을 역
설하였다. 이 오찬 회의는 유네스코 내에서 아태교육원이 세계시민교
육의 중심기관이라는 것을 여실히 입증해 주었다.

두 번째 경험은, 2018년 4월에 개최된 제204차 유네스코 집행이사
회였다. 상정 안건 12호 문서 *Examples of successful partnerships
with category 2 institutes and centres*에 문화, 과학, 교육 분야 카
테고리 2 기관이 각각 하나씩 소개되었는데, 그 중의 하나가 아태교육
원이었다. 유네스코 내에 120개가 넘는 카테고리 2 센터가 있는데, 그
중에서 최고의 카테고리 2 기관으로 아태교육원이 공식적으로 인정되
고, 언급된 것이다. 이날 회의에서 여러 회원국 대사가 아태교육원에

제3회 세계시민교육 국제회의

대해 감사하다는 발언을 해 주었다.

세 번째 경험은, 2018년 9월 5, 6일 양일간 롯데호텔 그랜드 볼룸에서 아태교육원이 개최한 제3회 세계시민교육 국제회의였다. 9월 5일 개회식에 반기문 전 유엔 사무총장, 브리오네스 필리핀 교육부 장관 등의 귀빈이 참석하였는데, 500명 들어가는 회의장에 청중이 600명이 넘게 참석하여, 그 열기와 에너지에 모두 압도되었다. 이틀 동안 1천여 명이 넘게 참석했던 회의 청중들은 세계시민교육에 대한 열의와 열정이 넘쳐났으며, 마지막 폐회 순간에는 참석자들의 아쉬움이 고스란히 느껴지는 분위기였다.

아태교육원에 몸담고 있던 필자는 이러한 감동적 경험을 통해 수년간 전 세계를 돌면서 세계시민교육을 소개하고, 확산하고자 했던 노력이 결실을 맺고 좋은 평가를 받는 것을 직접 보고, 피부로 느낄 수 있었다. 아태교육원이 30명 내외의 소수 인원으로 전 세계를 상대로 활약할 수 있었던 것은 직원들의 전문성과 열정이 첫 번째 요인이었고, 배기동 이사회 의장을 비롯한 김광조, 박순용, 토스윈(Toh Swee-Hin) 등 쟁쟁한 이사들의 전폭적인 지원이 두 번째 요인이었다.

4. 세계시민교육의 세계적 현황

세계 각국은 나름대로 세계시민교육 활동을 전개해 왔다. 여기에서는 필자가 직접 방문해 보았거나, 잘 아는 범위 내에서 세계 현황을 소개해본다.

Bridge 47은 세계시민교육을 전 세계에 전파하는 대표적인 시민사회 단체이다. Bridge 47은 핀란드인 릴리 라팔라이넨(Rilli Lappalainen)이 주도하여 2015년에 창설하였다. 세계시민교육에 종사하는 학자, NGO 활동가 들이 회원으로 참여하고 있다. 2017년 10월부터 2021년 7월까지 유럽연합(European Union)의 European Commission에서 재정지원을 받아 DEAR-programme을 추진하였다. 이 사업을 통해 교실에서 쓸 수 있는 REALTOPIA라는 비디오 게임도 만들었고, 세계시민교육을 소개한 MOOC도 개발하였다.

2001년에 설립된 Global Education Network Europe(GENE)을 소개하지 않을 수 없다. 유럽연합의 재정 지원으로 설립된 GENE은 유럽에서 'Global Education'을 확산하는 목적을 지니고 있다. GENE 이 말하는 Global Education은 개발교육(Development Education), 인권교육, 지속가능성 교육(Education for Sustainability), 평화와 갈등 예방교육, 문화간 교육, 세계시민교육(Global Dimension of Education for Citizenship)을 모두 포함한다고 홈페이지에서 선언하고 있다. 그리고 이 정의는 2002년에 채택된 Maastricht Declaration on Global Education in Europe에서 가져왔다고 밝히고 있다. 회원으로는 각국 정부 부처, 해외원조 기관, 개발원조 NGO로 구성되는데, 현재 유럽 25개국의 50개 정부 부처와 해외원조기관, 개발원조 NGO가 가입해 있다. 필자는 2018년 11월 21~22일 포르투갈 리스본에서 유네스코 본부 및 유네스코 베니스 사무소와 공동으로 개최한 〈유럽·북미지역 세계시민교육 네트워크 회의〉가 끝나고, 그 다음날 GENE 총회에 참석하여 세계시민교육을 직접 소개하고 발표하는 기회를 얻었다. 이 때 GENE에 대해 심도 있게 살펴볼 기회를 얻었는데, 세계시민교육의 유럽지역 파트너로 적합한 네트워크라는 생각이 들었다.

영국의 University College of London(UCL)은 오래전부터 세계시민교육을 연구해오고 가르쳐 왔다. UCL의 교육연구소(Institute of Education) 산하 개발교육연구센터(Development Education Research Centre: DERC)는 GENE과 협력하여 Global Education을 연구하는 전 세계 학자들의 모임을 만들었다. 이것이 ANGEL[46]이다. 매년 ANGEL 학술회

---

46)　ANGEL 홈페이지 https://angel-network.net/events/Conference2021

의도 개최하고 Global Education에 관한 연구서들도 출판하고 있다.

유럽 구호 및 개발 NGO 연합체인 CONCORD도 세계시민교육 확산에 적극적으로 참여하고 있다. 2600개의 NGOs가 참여하는 이 단체는 대표적인 사업으로 세계시민교육을 펼치면서 2018년에 *Global Citizenship Education in Europe*이라는 책자를 발간하기도 했다.

포르투갈 리스본에 소재한 North-South Center는 Council of Europe이 1990년에 설립한 기관으로 세계시민교육 온라인 연수과정를 개발하여 제공하고 있다. 2016년에 필자가 직접 방문하여 책임자인 미구엘 실바(Miguel Silva)를 만나 전반적인 활동 소개를 듣고, 온라인 프로그램의 경우 네덜란드에 있는 전문기관에서 운영한다는 것도 알게 되어 아태교육원 온라인 강의 개발에 큰 도움이 되었다.

오스트리아 클라겐푸르트(Klagenfurt) 대학교 베르너 빈터스타인 (Werner Wintersteiner) 교수는 2015년 이전부터 세계시민교육을 이 대학에서 가르쳐왔다. 교사 양성 전문가, 교사, NGO 활동가들을 위한 2년 과정의 자격증 과정과 3년 과정의 석사과정이 그것이다. 2015년에는 *Global Citizenship Education: Citizenship Education for Globalizing Societies*이라는 책자도 발간하여 오스트리아에서 이 분야 선구자 역할을 수행하였다.

제네바대학은 2021년 9월 13~17일 세계시민교육 여름학교 (Summer School)을 개최하였다.

네덜란드 암스테르담에 있는 International Association for the

Evaluation of Educational Achievement(IEA)는 TIMS, PIRLS 등의 평가로 유명한 곳이다. International Civic and Citizenship Education Study(ICCS)라는 시민 교과 측정 지표를 만들어 2009년과 2016년에 전 세계를 대상으로 측정하고 그 결과를 발표하였다. ICCS는 유엔 지속가능발전목표 4번 교육, 특히 세계시민교육 분야와 연관하여 기여하는 바가 크다.

OECD는 2018년에 학생들이 얼마나 세계 문제에 대해 이해하고 있는지를 측정하는 〈PISA 2018 Global Competence〉 측정을 실시하였다.

이미 학계 연구 동향에서도 소개한 것처럼 미국의 경우 하버드대학교 페르난도 라이머교수, UCLA 카를로스 토레스 교수, 컬럼비아대학교 Teachers College, Lehigh대학교 윌리엄 가우델리 교수 등 대학교를 중심으로 세계시민교육 연구가 활발하다.

캐나다의 경우 앨버타대학교의 리넷 슐츠 교수, 퀘벡대학교의 폴카 교수, 브리티시 컬럼비아대학교의 알리 압디 교수, 바네사 안드레오티 교수 등이 세계시민교육 연구와 강의를 주도하고 있다.

남미의 경우 코스타리카에 소재한 유엔 평화대학을 언급하지 않을 수 없다. 유엔 평화대학은 특히 갈등과 평화, 환경과 생태, 국제법 분야의 석, 박사과정을 운영하며 지구헌장(Earth Charter)의 전파에 앞장서고 있다. 콜롬비아의 로스안데스 대학(Los Andes University)과 보고타 시 정부도 평화교육과 세계시민교육에 적극적이다.

아랍지역의 경우 레바논의 Adyan Foundation이 아랍지역에서 활발하게 활동하며, 아랍 국가들 중에서도 매우 개방적인 오만은 교육부 시민교육국과 술탄 카부스 대학의 칼라프 알 아브리(Khalaf Alabri)교수가 중심이 되어 세계시민교육을 널리 소개 하고 있다.

아프리카의 경우 케냐, 우간다 교육부와 유네스코 국가위원회가 세계시민교육에 앞장서고 있다.

아시아의 경우 필리핀 교육부와 필리핀 사범대학교(Philippines Normal University)가 적극적인데 특히 필리핀 사범대학교의 경우 버트 투가(Bert Tuga) 총장이 선도하고 있다. 캄보디아 교육부는 행 춘 나롱 (Hang Chuon Naron) 교육부장관이 세계시민교육에 대한 지원을 아끼지 않고 있다. 행 춘 나롱 장관은 최근 태국 출라롱콘대학에서 교육학 박사학위를 받았는데 학위 논문에서 세계시민교육도 다루었다.

중앙아시아의 경우 키르기스스탄 비슈케크에 소재한 독일 DVV International이 적극적으로 세계시민교육을 키르기스스탄, 우즈베키스탄, 카작스탄, 타지키스탄에 소개하고 있다. 필자는 2019년 여름에 DVV International 비슈케크 사무소의 초청으로 중앙아시아 국가 평생교육 종사자들을 위한 워크숍에 가서 세계시민교육을 소개하였는데, 참가자들은 많은 관심을 표명하였다.

동남아교육장관기구(SEAMEO) 사무국도 세계시민교육을 활발히 전개하고 있다. 특히 에텔 아그네스(Ethel Agnes) 사무총장은 세계시민교육 지지자이다.

또한 몽골 교육부와 스리랑카 교육부도 세계시민교육을 지원하고 있다.

일본의 경우 문부성이 지속가능가능발전교육(ESD)에 매진하고 있기 때문에 세계시민교육은 초·중·고 시범학교 1개교씩 지정하여 추진하고 있다. 다만, 대학 차원에서는 국립인 오카야마대학교가 일본 내 SDGs 대학교로 지정되어, 2021년 가을학기부터 SDGs 석·박사과정을 개설하여 영어로 강의를 시작 하였다. 다마가와 대학교의 마코토 고바야시 교수, 중학교 교사인 사야카 마추쿠라 선생이 일본에서 가장 활발하게 세계시민교육을 가르치고 있다. 일본에서는 Global Citizenship Education을 지구시민교육(地球市民敎育)으로 번역하여 사용하고 있다.

중국의 경우 심각한 환경문제로 인해 지속가능발전교육은 각 급 학교에서 권장하고 있다. 또한 세계화되는 중국, 세계 각지로 나가는 중국 관광객 문제로 국제이해교육도 권장하고 있다. 그러나 세계시민교육은 홍콩 시민들의 시위 등을 떠 올려, 중국 정부가 이 용어 자체의 사용에 민감해 하는 것으로 판단된다. 필자가 2019년 1월 정조우(鄭州)대학교, 2019년 5월 북경사범대학교 초청을 받아 발표할 때, Global Citizenship Education이 전구공민도덕교육(全球公民道德敎育)으로 번역되어 있었는데, 이것이 그 방증이다.

5. 한국 세계시민교육 현황

한국에서는 교육부, 외교부, 그리고 아태교육원이 세계시민교육의 씨앗을 뿌렸고, 서울시교육청, 인천시교육청 등 시도교육청과 대구 수성구 등 선진적인 지자체, 그리고 경희대학교 후마니타스칼리지, 충남대학교 사범대학, 서울대학교 사범대 글로벌교육협력 전공, 서울 교육대학교, 건양사이버대를 비롯한 여러 대학교가 이에 적극 호응하 고 있다. 최근에는 세계시민교육이 충남시민대학, 경북도민행복대학 등 평생교육기관으로 확산되고 있다.

1) 아태국제이해교육원의 한국내 세계시민교육 활동

• 세계시민교육 한국 중앙선도교사 양성

2015년 인천 유네스코 세계교육포럼을 앞두고 시작한 한국 세계 시민교육 중앙선도교사 사업은 세계 유일의 독특한 세계시민교육 교

제1기 중앙선도교사 연수

166 세계시민교육과 SDGs

제2기 중앙선도교사 연수

제4기 중앙선도교사 연수에서 교사들을 격려하고 있는 반기문 전 유엔 사무총장

제2장 · 제2절 · 세계시민교육의 현재 **167**

2019년 1월 제5기 세계시민교육 중앙선도교사 폐막식

사 양성 사업이다. 매년 17개 시도교육청에서 중앙선도교사 4명씩 선발하여, 연초에 아태교육원에서 중앙선도교사 연수를 1주일간 실시한 후, 시도교육청 별로 중앙선도교사가 시도 선도교사에게 전달 연수를 하며, 여름방학에 다시 중앙선도교사를 재교육 하는 체계적 양성 시스템이다. 2020년까지 6년간 360명의 중앙선도교사를 양성하였고, 중앙선도교사가 전달 연수를 통해 양성한 지방선도교사까지 합하면 총 3,875명의 세계시민교육 핵심 교사가 배출되었다. 중앙선도교사의 지속적인 활동을 위해 2018년에 〈중앙선도교사연구회〉도 출범시켰다. 중앙선도교사와 지방선도교사는 학교 현장에 세계시민교육을 전파, 소개하는 핵심 인력이다.

• 세계시민 캠퍼스(Global Citizen Campus) 운영

　2016년 아태교육원 1층에 문을 연 세계시민 캠퍼스는 자유학기제 중학생들을 위한 세계시민교육 체험 공간이다. 방문 학생들은 모의 유네스코 총회를 직접 개최하고, 참여할 수 있을 뿐만 아니라, 직접 시청각 기자재로 세계시민성을 배울 수 있는 독특한 시설이다. 널리 알려지면서 중학생뿐만 아니라 초등, 고등, 대학생 등 연 10,000여 명이 방문하는 인기 있는 교육 체험장이 되었다. 부산 유엔평화기념관에 분관이 만들어졌고, 충북국제교육원, 강원외국어교육원, 전북국제교류센터, 충남외국어교육원이 콘텐츠를 가져가서 활용하였다.

아태교육원 세계시민 캠퍼스를 방문한 학생들

아태교육원 세계시민 캠퍼스에서 모델 유네스코 회의를 진행하고 있는 학생들

세계시민교육을 몸으로 직접 체험하는 학생들

- **대학 세계시민교육 강좌 지원 사업**

　대학생들에게 세계시민 의식을 심어주기 위해 한국 대학교를 대상으로 공모를 통해 매년 10개 내외의 대학을 선정, 재정 지원하는 사업을 2016년에 시작하였다. 2016년 한국의 9개 대학을 시작으로 2017년 6개, 2018년 8개 대학에 세계시민교육 강좌가 개설되도록 지원하였다. 최근에는 교사 교육의 중요성을 고려하여, 특히 교육대와 사범대도 지원하고 있다. 이 지원 사업으로 대학교에 세계시민교육 강좌가 점차 늘어나고 있다.

- **세계시민교육 한국 교사지침서 개발·지표개발 및 현황조사 등 각종 연구 사업**

　한국 교사들을 위해 2017년에 「세계시민교육 교사지침서」를 발간하였다. 초등학교 교사용, 중등학교 교사용, 그리고 고등학교 교사용으로 만들어진 이 교사지침서는 기존 교과과정과 교과서로 가르칠 수 있는 교사들을 위한 교재이다.

　2018년에는 한국 유·초등학교 교육과정을 중심으로 세계시민교육 실시 현황을 조사·연구한 「세계시민교육 국내이행현황 연구보고서」[47]가 성신여대 조대훈 교수를 연구책임자로 해서 발간되었다.

　또한 2018년부터 〈세계시민교육 지표개발〉과 〈한국 현황조사사업〉을 실시하였고, 2020년에는 충남대 박환보 교수를 연구책임자로 한

---

47)　유네스코 아시아 태평양 국제이해교육원, 「세계시민교육 국내 이행현황 연구보고서」(2018).

「2020 세계시민교육 국내 모니터링 체제 구축 연구」[48]를 발간하였다. 이 사업은 앞으로 세계시민교육 데이터 수집 및 지표 개발이 향후 핵심 이슈가 될 것이라는 점을 고려할 때 매우 시의적절하고 의미 있는 사업이다.

한편, 한국의 평생교육과 세계시민교육에 대한 연구로 2019년 한숭희 서울대 교수가 연구책임자로 추진한 「국내 평생교육 내 세계시민교육 이행현황 연구」[49]가 이 분야 현황 파악에 큰 도움이 된다.

• **다문화가정 대상국가와의 교육교류사업**

1988년 서울 올림픽 이후, 한국은 세계에 살기 좋은 나라로 알려지게 되고, 또 1989년에 한국 정부가 한국인의 해외여행 자유화를 추진하게 되자, 외국으로 나가는 한국인도 많아지고, 한국으로 들어오는 외국인도 많아지게 되었다. 외국인 노동자의 증가와 함께 한국인과 결혼하는 외국인 배우자가 늘어나면서 소위 '다문화가정'이 급속히 증가하는 새로운 현상이 나타났다. 2000년대에 접어들어 이런 다문화가정의 자녀가 초등학교에 진학하면서 한국은 역사상 처음 경험하는 소위 '다문화가정' 자녀의 교육 문제에 봉착하였다. 2010년대에는 초등학교뿐만 아니라 중학교, 고등학교에도 진학하고, 중도입국

---

48) 유네스코 아시아 태평양 국제이해교육원, 「2020 세계시민교육 국내 모니터링 체제 구축 연구」(2020).
49) 유네스코 아시아태평양 국제이해교육원, 「국내 평생교육 내 세계시민교육 이행현황 연구」(2019).

2019년 다문화교육 국제 교사 교류사업 성과보고회

다문화가정 자녀 교육 문제도 새롭게 대두되어 다문화 교육이 국가적 현안이 되었다. 특히 대부분의 다문화가정이 아시아 국가에 치중되어 있어, 아시아 태평양을 대상으로 활동하는 아태교육원이 다문화 교육에 기여할 가능성이 상존했다.

아태교육원은 이러한 전문성을 살려 대한민국 교육부와 긴밀한 협력 끝에 교육부 예산으로 2012년부터 〈다문화가정 대상국가와의 교육교류사업〉을 시작하게 된다.

2012년 첫해에는 몽골과 필리핀 두 국가와 교사 교류를 시작하였다. 양국 교사의 파견 기간은 각각 한 학기 3개월로 정하고, 파견되는 교사들이 상대방 국가의 학교 교실에서 수업을 직접 진행하기로 하였다. 처음 시작하는 사업이라 예상치 못한 어려움과 시행착오가 적지 않았다. 상대방 국가의 협력 기관이 중요했는데, 몽골의 경우 교육부와 교원역량개발원이 담당하여 빠르게 안정화 되었다. 반면 필리핀의 경우 지역 교육청에 이 사업이 맡겨져 매년 지역 교육청이 바뀌면서 적지 않은 어려움을 겪었다. 그러나 이후 필리핀도 교육부가 직접 맡게 되면서 빠르게 안정 단계에 접어들었다. 2013년에 인도네시아, 2014년에 말레이시아, 2015년에 베트남, 2016년에 태국, 2017년에 캄보디아 등 매년 대상 국가를 1개국씩 추가하였다. 이 5개 국가들은 모두 교육부가 직접 나서서 이 사업을 추진하고 있어 전반적으로 안정적으로 진행되고 있다. 첫해인 2012년 한국 교사 60명 파견, 몽골, 필리핀 교사 70명 초청 등 약 130명의 교사 교류가 있었는데, 2018년에는 총 교류 교사 수가 약 180명으로 늘어났다. 7년 동안 약 1천 명이 넘는 교사의 교류가 진행된 것이다.

다문화가정 대상국가와의 교육교류사업의 의의 혹은 성과를 정리해보면 다음과 같다. 첫째, 한국 학교 다문화가정 학생들의 경우, 어머니 혹은 아버지 국가의 교사가 와서 문화와 언어를 가르치고 수업을 함께 함으로써 은연중에 자부심을 가지게 하고, 한국 교사와 학생들의 경우, 이들 나라에 대한 관심과 존중을 자연스럽게 갖게 되어 다문화 감수성이 높아지는 효과가 있었다.

둘째, 몽골, 필리핀 등 7개국 학교 교사와 학생들에게 한국을 더욱 정확히, 구체적으로 알리고, 우호적인 감정을 갖도록 하는 효과가 있었다. 또한 이들 교육당국에는 간접적으로 한국의 교사 양성 정책과 처우에 대한 정보가 공유되어, 이들 나라의 교사 정책과 처우에 긍정적 영향을 주었다.

셋째, 한국 교사들은 경제적으로는 우리보다 못한 나라이지만 전통적 인간관계와 공동체적 가치관이 남아있는 이들 나라에서 한국에서 느껴보지 못한 교사로서의 자부심을 충전할 수 있었고, 3개월의 현지 생활을 통해 우리와 다른 문화에 대한 충분한 이해와 공감 능력을 키울 수 있었다.

넷째, 한국 교사들은 파견 전에 아태교육원에서 세계시민 의식에 대해 배우고, 방문 외국인 교사들은 한국에 입국하여 아태교육원에서 세계시민 의식을 배운다. 이를 통해 참여 교사들이 세계시민성을 지식으로 배운 후, 3개월의 낯선 이국 생활을 통해 직접 경험함으로써 가장 효과적인 세계시민 교사 양성 프로그램이 되었다.

한국 학교에서 필리핀을 소개하는 국제교사교류 사업 필리핀 참가 교사

2014년부터 참가 교사들이 모여 성과를 공유하는 성과보고회 (SSAME Conference)를 매년 개최하고 있다. 이 행사에는 참여 교사들뿐만 아니라 대상 국가의 교육부 담당 직원, 협력 기관 직원, 협력 학교 교장 등도 참석하여 교류의 구체적 성과를 직접 듣고 정책에 반영할 수 있도록 하였다. 참가 교사 및 학교 중에는 지속해서 교류를 이어가는 교사와 학교가 늘어나고 있다.

이 사업은 시행착오를 겪으면서도 계속 발전하고 확대되어 오늘날 대한민국 다문화교육 정책 사업 중 우수 사례로 꼽히고 있다.

2) 한국 정부의 세계시민교육 활동

한국 정부, 보다 구체적으로 교육부와 외교부는 2015년 인천에서 개최된 유네스코 세계교육포럼 개최를 계기로 세계시민교육을 글로벌 교육의제로 설정한다는 전략을 세워 이를 달성하였다. 국제기구를 통한 다자외교에서 그동안 한국이 세계적 의제를 설정한 경험은 거의 없었는데, 신장된 국력을 바탕으로 세계적 의제 설정에 적극적으로 나서서 유네스코 2015년 인천 세계교육포럼에서 세계시민교육을 한국 주도로 의제화한 것은 한국 다자외교, 교육외교의 큰 성과라 할 수 있다.

한국 정부가 세계시민교육을 한국의 의제로 생각하게 된 요인 중에는 첫째, 세계시민교육을 주창한 반기문 유엔 사무총장이 한국인이라는 점이 무의식적으로 고려되었을 것이다. 둘째, 2015년에 한국 인천에서 개최되는 유네스코 세계교육포럼에서 한국이 장소만 제공하는 것이 아니라, 의제에도 영향을 미치고자 하는 의욕이 작용하였다는 점, 그리고 세 번째로는 한국 정부가 유네스코와 협정을 맺고 2000년에 설립한 아태교육원이 그 동안 펼친 국제이해교육 활동성과에 자신감을 가진 측면이 크게 작용했다고 볼 수 있다.

한국 외교부는 유엔과 유네스코에서 세계시민교육이 부상하는 것을 지켜보며, 한국의 역할을 적극적으로 모색했다. 유네스코에서는 외교부 본부와 주 유네스코 대한민국 대표부, 그리고 아태교육원이 삼자 협력을 통해 세계시민교육이 유네스코 글로벌 의제가 되도록 노력했다. 한편 유엔에서는 외교부 본부, 주 유엔 대한민국 대표부, 아태교육원간 삼자 협력을 통해 유엔에서 세계시민교육이 SDGs에 포함되도록 협력하였다. 2013년 첫 번째 유네스코 세계시민교육 전문가 회의는 유네스코와 함께 대한민국 교육부와 외교부가 공동으로 주최한 회의이었다. 이 회의를 시작으로하여 교육부와 외교부의 협력과 공조는 세계시민교육이 2015년 9월 SDGs에 포함될 때까지 계속되었다. 그 이후에도 협력이 이어져, 2018년에 아태교육원이 세계시민교육 국제회의를 한국에서 개최할 때, 외교부는 재정 지원을 하고 공동 개최자로 참여하였다. 2019년 7월에는 유엔 고위정치포럼(HLPF)에서 세계시민교육이 중요하게 다루어 질 때도 외교부의 역할이 컸다.

아태교육원의 예산을 지원하는 교육부는 그 자체로 세계시민교육의 글로벌 의제 포함에 적극적으로 기여한 것이다. 또한 2015년 인천 유네스코 세계교육포럼을 한국에 유치한 것이 교육부이고, 이 회의를 통해 세계시민교육을 유네스코 공식 의제로 만든 것이 교육부이다. 결론적으로, 교육부와 외교부, 그리고 아태교육원이 유엔 지속가능발전목표(SDGs)에 세계시민교육을 포함시킨 주역이라고 할 수 있다.

그러나 2017년 이후 교육부는 민주시민교육을 주창하면서 세계시민교육에 대한 관심이 약화되고 있다. 학교 현장의 교장, 교사들은 교육부가 세계시민교육을 강조하다가, 갑자기 민주시민교육을 주창하니 매우 혼란스럽다고 불만을 토로한다. 이런 조삼모사식 교육정책의 변화는 일본과 대비된다. 일본 문부성은 2000년대부터 지금까지, 유엔, 유네스코, 국제사회, 그리고 일본 국내 학교들에 일관되게 지속가능발전교육(ESD) 하나만을 제시하고 지원하고 있다. 외교부도 최근에 세계시민교육에 대한 열의가 많이 약화하였다. 이처럼 정부의 관심이 약화하고 있는 것은 그 동안 쌓아올린 성과를 생각하면 참으로 아쉽기 그지없는 현상이다.

3) 지방자치단체의 세계시민교육 활동

지방자치단체들의 세계시민교육에 대한 관심은 편차가 매우 크다. 부산 금정구는 2015년 이전부터 이 지역 국회의원인 김세연 의원과 원정희 구청장이 주도하여 '세계시민교육의 수도'라는 슬로건을 내걸고 금정구 차원에서 세계시민교육을 추진해 왔다. 부산 금정구의 적극적인 요청을 받아들여, 아태교육원은 2015년 3월 30일부터 일주일간 유엔 세계교육우선구상(GEFI) 청소년지원(Young Advocacy Group; YAG) 회의를 부산 금정구에서 개최하였다. 그리고 2016년 7월 11일부터 16일까지 부산 금정구와 부산외대에서 제2회 연수도 실시하였다. 이례적으로 유엔 국제행사를 구(區) 단위 지자체에서 2회나 개최한 것이다. 그리고 2015년부터 2018년까지 매년 금정구 공무원을 대상으로 세계시민교육 지자체 공무원 연수를 실시하였다. 그러나 구청장과 이 지역 국회의원이 바뀌면서 세계시민교육은 구정(區政)에서 사라졌다.

대구 수성구는 2010년 초반부터 세계시민교육에 관심을 보여왔는데, 2015년 이후 세계시민교육 사업을 본격적으로 전개하였다. 2017년부터 평생교육차원에서 세계시민교육 강사 양성 과정을 개설하여 세계시민교육을 가르칠 강사들을 배출하고 있으며, 2018년에는 '중학생들을 위한 세계시민교육 커리큘럼'을 개발하고, 2018년 7월부터 9월까지 '중학생 세계시민교육 아카데미'를 열었다. 대구 수성구의 사례는 2018년 9월 제3회 세계시민교육 국제회의와 2019년 9월 세계시

민교육 국제회의에서 가장 우수한 활동으로 소개되기도 하였다. 2019
년에는 지역 주민 중 여성들을 대상으로 여성 아카데미에서 세계시민
교육을 폭넓게 소개하였다. 대구 수성구 사례는 세계시민교육에 관심
이 많았던 안현숙 평생교육사의 안목과 추진력, 열의로 비약적인 도
약을 한 경우이다.

제주도에서도 UNITAR 제주국제연수센터를 중심으로 제주도 지
자체 공무원 및 아태지역 지자체 공무원을 대상으로 세계시민교육을
추진하였다. 2015년 10월 22일 UNITAR 연수에 참석한 아태지역 지
자체 공무원 15명이 아태교육원을 방문하여 세계시민교육에 대해 연
수를 받았으며, 2016년 11월 1일에는 제주도에서 세계시민교육 연수
를 실시하였고, 2018년 10월 17일부터 20일까지 제주도 서귀포에서
'세계유산과 세계시민교육'에 관한 연수가 진행되었다.

한편, 2015년 12월에는 외국인들이 많이 거주하는 안산시의 공무
원, NGO 활동가들을 대상으로 세계시민교육 특강을 개최하기도 하
였다.

4) 대학교의 세계시민교육

대학들의 경우, 아태교육원 주관으로 〈세계시민교육 대학 강좌 개
설 지원 사업〉이 2016년부터 매년 시행되어 2021년까지 총 50여 개
대학에서 강좌가 개설되었다.

첫해인 2016년에는 9개 대학교에서 강의를 개설해 운영하였다.

2017년도에는 6개 대학에서 총 477명의 학생들이, 그리고 2018년도에는 8개 대학에서 총 300여 명의 학생들이 수강했다. 2019년과 2021년 그리고 2021년에도 각각 10개 대학을 선정하여 지원하였다.

경희대 후마니타스 칼리지는 이영준 학장과 김민철 교수, 김윤철 교수 등이 중심이 되어 세계시민교육을 펼쳐왔다. 2015년 8월 27일에 경희대 후마니타스 교양교육연구소 주최로 '세계시민교육 포럼'을 개최하였고, 『후마니타스 포럼』 2015년 가을 제1권 2호는 세계시민교육을 특집으로 발간하였다. 경희대학교는 2018년 이리나 보코바 전 유네스코 사무총장을 후마니타스 칼리지 명예학장으로 영입하여 세계시민교육에 대한 의지를 대내외에 천명하였다. 특히 2016년 아태교육원의 1차 대학 강좌 지원이후 2017년부터 자체적으로 강좌를 개설해왔으며, 2019년부터는 모든 신입생이 수강해야 하는 교양 필수 과목으로 지정하였다. 그 준비 차원에서 2019년 2월에는 아태교육원에서 경희대 세계시민교육 교강사 40여 명을 대상으로 필자와 유네스코 파리 본부의 최수향국장이 직접 연수를 실시하였다. 세계시민교육을 교양 필수과목으로 지정한 것은 경희대학교의 세계시민교육에 대한 깊은 이해와 전폭적 지원이 없었으면 불가능했을 것이다. 경쟁이 치열한 대학입시에 매몰되어 수험 생활만 한 대학 신입생들에게 세계시민교육은 인식의 지평을 넓혀주는 오아시스 같은 역할을 하고 있다. 경희대학교는 세계시민 교재로 「세계시민」[50]을 출판하였는데, 여기에

---

50) 경희대 후마니타스 칼리지 교양연구소, 「세계시민」(경희대 출판문화원, 2019).

실린 '역사적 존재로서의 시민과 세계시민'은 매우 잘 정리된 명 문장이다. 경희대는 여기서 한걸음 더 나아가 2021년 2학기에 〈SDGs 개론〉을 신설하였다.

충남대 사범대 교육학과는 박환보 교수가 주축이 되어 2016년부터 한국연구재단의 BK21 사업 지원을 통해 〈세계시민교육 미래인재 양성사업단〉을 출범 운영하고 있다. 세계시민교육에 대한 연구를 심화하고, 교과목으로 〈세계시민교육론〉을 개설하며, 세계시민교육 전공을 신설해서 전문가를 양성하는데 노력하고 있다.

건양사이버대학교는 방용환 교수가 세계시민교육에 적극 앞장서고 있다. 2020년 2학기에 필자와 방용환교수가 〈이주민을 위한 세계시민교육〉 강좌를 개발하였는데, 이 강의는 〈고등교육 교수학습자료 공동활용 체제〉(Korea OpenCourseWare: KCOW)의 하나로 누구나 들을 수 있다.

서울대 사범대 글로벌교육협력전공과정은 국제개발협력과 관련된 교육이 주된 전공분야이지만, 유성상 교수가 앞장서서 국제교육론, 지속가능발전교육론, 세계시민교육론 등의 강의도 개설하고 있다.

서울교육대학교는 김진석 교수, 박기범 교수 등이 예비교사들을 위한 세계시민교육론을, 허종열 교수가 교육전문대학원에서 글로벌 인권교육론 등을 개설하여 강의하고 있다.

5) 교육청

시도교육청의 경우 세계시민교육에 대한 관심이 높은 교육청이 있는 반면에, 큰 관심이 없는 교육청도 많다.

서울시교육청은 2015년부터 '공존과 상생의 세계시민교육 강화사업'을 추진하고 있다. 세계시민교육 보급을 위해 특별지원학교를 지정, 지원하고 있는데 2017년에 10개교, 2018년에 10개교, 2019년에 20교를 지정하여 운영하였다. 또한 서울지역 76개 유네스코 학교(ASPnet Schools)를 대상으로 학교별 자체계획에 의한 체험활동 운영비를 지원하고 있다. 「평화견문록」, 「청소년 시민외교관 프로그램(고등학교 용)」, 서울시교육청 평화교육 가이드라인 「평화교육 길라잡이」를 개발해서 보급하였다. 학습동아리 지원, 아태교육원 및 NGO와 협력한 서울시 교원 직무연수 운영, 교육과정 및 학습자료 개발, 세계시민교육 국제회의와 토론회 개최 등도 추진하고 있다. 2019년에는 민간전문가를 세계시민교육 정책자문관으로 임명하는 제도를 도입하여 운영하고 있다. 2019년 〈서울국제교육포럼〉은 세계시민교육을 주제로 개최되었다. 2019년에는 「글로컬 세계시민교육 역량 측정 도구 개발에 관한 연구」를, 2020년에는 서울교대 장은영교수 주도로 서울시교육청 학생연수원 글로벌 문화·언어체험교육원을 세계시민교육과 접목시키기 위한 연구를 추진하였다. 2021년에는 서강대 김동택교수를 연구책임자로 「서울 세계시민교육 이행현황 및 향후 추진과제 연구」를 실시하는 등 세계시민교육 관련 연구를 꾸준히 계속 해 왔다.

경기도교육청은 '더불어 사는 창의적인 민주시민 육성', '자기 생각 만들기'를 목표로, 인권, 평화, 민주주의 등 민주시민의 소양, 가치, 제도를 배울 수 있도록 「더불어 사는 민주시민 교과서」 초등학교 3~4학년용, 초등학교 5~6학년용, 중학교용, 고등학교용 등 총 4종을 2013년에 개발, 2014년부터 경기도 교육청 관내 학교에서 가르치고 있다. 2015년부터 세계시민교육 교재 발간 작업을 하여, 2017년에 초, 중, 고등학생을 위한 「지구촌과 함께하는 세계시민교육」교재를 발간하여 수업에 활용하고 있다. 2021년 8월에는 비대면 모임으로 지구촌과 함께하는 세계시민교육 학생캠프도 개최하였다.

강원도교육청은 2016년 3월 30일 원주교육문화관에서 강원도 관내 초·중등 학교장 200여 명을 대상으로 '세계시민교육 포럼'을 개최했으며, 2016년 8월에는 두 차례에 걸쳐 강원도 관내 교장, 교감을 대상으로 세계시민교육 특강을 진행하였다. 강원도교육청은 이런 포럼을 통해 학교 현장에서의 세계시민교육 증진을 위한 교육공동체 공감대 확산과 학교관리자들의 세계시민교육에 대한 이해 증진 및 역량강화를 도모하며 실천사례를 공유하는 등 21세기의 교육적 흐름에 한 걸음 더 다가서는 시간을 마련하였다.

전남교육청은 아태교육원과 함께 2016년 5월 25일 전남 무안 전남교육청에서 교육감, 교육청 직원, 관내 교장, 교감 등 200여 명이 참석한 가운데 세계시민교육 특강을 추진하였다.

부산시교육청 역시 증가하는 세계시민교육에 대한 학교 현장의 관심에 호응하여 2016년 11월 28일 관내 전 학교의 학교관리자 600여 명을 초청하여 세계시민교육 특강을 개최한 바 있다.

울산시교육청은 2018년 4월 관내 교장, 교감 등 학교 관리자 200여 명을 초청하여 세계시민교육 특강을 실시하였다.

충남교육청과 아태교육원은 2016년 4월 20일 세계시민교육 협력을 위한 MOU를 체결하고, 그 첫 실천으로 6월 1일 충청남도 교육청 교육자를 대상으로 세계시민교육에 대한 특강을 실시하였다.

충북교육청은 2016년 12월 16일 유네스코학교 지역협의회 기회를 활용하여 유네스코학교 관계자 100여 명을 대상으로 세계시민교육 특강을 개최하였다.

경상남도교육청은 2018년 7월 30일에 다문화교육연수를 실시하면서 세계시민교육도 소개하였으며, 2018년 10월에는 유네스코 학교와 세계시민교육 중앙선도 교사를 중심으로 세계시민교육 특강을 실시하였다.

대구시교육청은 2019년 5월 8일 국내에서는 처음으로 다문화교육센터를 〈세계시민교육센터〉로 개칭하여 개소하였다.

인천시교육청은 매년 아태교육원과 함께 관내 교사 연수를 실시해왔다. 2020년부터는 동아시아 세계시민교육 프로젝트를 시작하여 인천의 특색을 살린 독특한 사업으로 발전시키고 있다. 2021년 3월에는 이를 담당할 〈동아시아 국제교육원〉도 설립하였다. 또한 2021년 5월에는 「인천을 품고 세계로 향하는 동아시아 시민」이라는 동아시아 시민교육 교과서도 발간하였다. 2021년 9월 15일에는 제1회 동아시아 시민교육 국제포럼도 비대면으로 개최하였다. 이 국제회의에는 유네스코 북경 사무소, 동남아교육장관기구(SEAMEO)도 참여하였다.

교육청은 일선 유·초·중·고교와 밀접한 협력관계에 있다. 세계시민성은 어느 순간에 형성되는 것이 아니다. 어릴때부터 꾸준히 교육을 통해 길러지는 것이므로 세계시민교육에대한 일선 교육현장의 교장, 교감, 교사들의 이해와 역할이 매우 중대하다고 볼 때, 그 일선학교를 지원하는 교육청의 역할은 대단히 중요한 의미를 갖는다고 할 수 있다.

6) 평생교육

최근에 평생교육 차원에서 세계시민교육에 관심을 보이고 있는 것은 매우 고무적인 일이 아닐 수 없다.

충청남도 평생교육진흥원이 2020년에 설립한 충남시민대학은 2020년 말부터 세계시민교육 과정을 편성하고 동영상 강의를 촬영해서 2021년에 관내 부여 시민대학, 논산 시민대학, 보령 시민대학 등에서 비대면 동영상 강의를 실시하였다.

2021년 경상북도 (재)인재평생교육진흥원이 설립되면서 함께 출범한 경상북도 도민행복대학은 세계시민교육을 처음부터 커리큘럼에 포함시켰다. 2021년 봄, 가을 학기에 영천 캠퍼스, 경주 캠퍼스, 봉화 캠퍼스, 영덕 캠퍼스, 김천 캠퍼스, 포항 캠퍼스, 영주 캠퍼스, 울진 캠퍼스, 구미 캠퍼스 등에서 세계시민교육이 강의되었다.

기후위기 등 오늘날의 지구촌 도전들 때문에 세계시민교육이 평생교육 차원에서 적극적으로 소개될 잠재력은 매우 커졌다.

이제 막 자리를 잡기 시작한 몇몇 지자체를 중심으로 한 평생교육기관에서의 세계시민교육이 더욱 견고하게 뿌리내리길 바라고, 그 모델들이 다른 시, 도에도 전파되어 전국 방방곡곡에서 퍼져 나가길 기대해 본다. 대한민국은 세계시민교육을 유엔의 지속가능발전목표 의제로 설정한 주체로서, 의제 설정에서 한 걸음 더 나아가 전국적으로 세계시민교육을 전파하여, 대한민국 국민이 성숙한 세계시민 의식을 지닌 세계시민으로 성장해나가기를 희망한다.

세계시민사상과 세계시민교육 그리고 지속가능발전목표의 미래

1. 세계시민사상과 세계시민교육

우리가 구분하지 않고 혼용해서 쓰고 있는 세계시민사상(Global Citizenship)과 세계시민교육(Global Citizenship Education)은 세계시민성이라는 공통분모를 가지고 있지만, 이 둘은 서로 다른 독자적인 영역을 가지고 있다.

세계시민사상은 고대 코스모폴리타니즘에서부터 시작해서 오늘날까지 면면히 이어져 내려온 사상과 철학이다. 인간 공동체에 대한 사상, 철학이자 정치사회학, 정치사상이다. 여기에는 다소 애매모호한 개념, 심오한 개념들이 모두 포함되어 있다. 앞으로 더욱 탐구하고 발전해야 할 미지의 철학, 정치사상이기도 하다. 예를 들면, 세계시민사상에는 유토피아 사상도 스며들어 있는 것 같은데 아직 여기에 관한 연구는 거의 되어 있지 않다. 대체로 세계시민, 세계 공동체를 희구하는 사람들은 모든 인류가 국경의 장벽을 넘어 평화롭게 어울리는 미래 인류 공동체를 떠 올린다. 증오와 적대, 혐오와 차별이 만연한 그런 세계 공동체를 꿈꾸지는 않는다. 그런 점에서 유토피아 사상이 느껴진다. 이처럼 세계시민사상은 아직 탐구해야 할 무궁무진한 내용을 지닌 잠재성과 폭발력이 대단한 미지의 영역이다.

반면에 세계시민교육은 이런 가치 본연에 관해 연구하고 논쟁하는 것이라기보다 이미 존재하는 세계시민 의식과 가치를 어떻게 하면 보다 잘 교육할 것인가 하는 교육 방법론(pedagogy)에 더 관심이 많고, 더 집중한다. 그래서 세계시민교육은 커리큘럼, 교과서, 교사 양성, 학생 성취 측정 및 지표 개발 같은 것을 얘기한다. 교육학 영역이며, 전문가의 영역이다. 일반인들이 쉽게 접근하기 힘든 영역이다. 일반인들은 전문가들이 개발한 세계시민교육을 수용하는 수용자가 될 뿐이다.

이렇게 세계시민사상과 세계시민교육은 서로 분리되며, 또 만나고, 서로 함께 가기도 한다. 두 영역 간에 긴장도 존재하고 협력도 존재한다. 세계시민사상이 이론적으로도 더 풍부해지면 당연히 세계시민교육도 풍성해 질 것이다. 또 세계시민교육이 활발하게 전개되면 세계시민사상도 더 풍성해 질 가능성이 크다.

2015년 9월 유엔 총회에 참석한 각국 정상들은 서문(Preamble)과 53개 문단(paragraph)으로 이루어진 선언(Declaration), 그리고 17개의 목표(Goals), 169개의 세부목표(Targets)로 구성된 *2030 Agenda for Sustainable Development*[51]를 채택하였다.

Global Citizenship은 선언 문단(paragraph) 36에 세계시민성 윤리(ethic of global citizenship)를 고양해야 한다는 문구로 반영되어 있다. 서문과 선언은 거의 읽지 않아 잘 알려져 있지 않은데, 분명히 세계시민교육이 아닌 세계시민성, 세계시민 의식, 세계시민사상으로 번역할 수 있는 Global Citizenship이 언급된 것이다. 세계시민교육(Global Citizenship Education)은 잘 알려진 것처럼 지속가능발전목표(SDGs) 4.7에 포함되어 있다.

---

51) 2030 Agenda for Sustainable Development 원문.
https://www.un.org/ga/search/view_doc.asp?symbol=A/RES/70/1&Lang=E

이와 같이 선언에 세계시민성이 언급되어 있고, 목표(Goals)에 세계시민교육이 포함되어 있다는 것은 세계시민교육과 함께 세계시민사상도 널리 소개하고 전파하며, 이를 더욱 연구, 발전시킬 근거가 된다.

오늘날 세계시민교육은 교육학의 영역 내에서 새로운 영역이자 주변적 학문으로 간주한다. 교육학의 주류 영역과 비교하면 연구나 이론화 수준이 높은 편이 아니다. 다른 교육학 분과학문을 고려하면 더 연구되고, 더 많은 연구자가 양성되어야 하고, 활발한 이론화 직업이 진행되어야 할 분야이다. 그래도 세계시민사상 분야에 비하면 세계시민교육은 나은 편이다.

세계시민사상은 세계시민교육 보다 여전히 가야 할 길이 멀다. 오늘날 세계 정치 현실은 국가 이익을 추구하는 단단한 당구공 모양의 국가들로 구성되어 있다. 홉스가 말한 만인의 만인에 대한 투쟁과 흡사하다. 현실주의(Realism) 국제정치 이론이 지배하는 세계이다. 이러한 국제정치 현실에서 세계시민사상은 비현실적이고, 이상주의적인 정치사상으로 치부될 뿐이다. 학문의 세계에서도 세계시민사상은 주변부에 머물러 있다. 단적인 예로, 대학은 세계시민학, 세계시민사상, 코스모폴리타니즘을 다루는 학과도 없고, 연구 분야, 학위 분야로 인정도 하지 않고 있다. 2021년초에 사단법인 세계시민포럼에서 세계시민학 총서 시리즈 첫 번째 책으로 「세계시민학 서설」[52]을 출판한 것은 세계시민학이라는 학문의 발전에 초석을 깐 것으로 생각한다. 앞으로

---

52) 세계시민포럼 엮음, 김다원·배기동·유재원·이희수·임지현·전주영·정우탁, 「세계시민학 서설」(주류성, 2021).

세계시민학이 주류 학문으로 발돋움 할 수 있도록 이 분야가 더욱 풍부하게 연구되어야 할 것이다.

세계시민교육의 미래는 세계시민교육 자체의 학문 발전과 이를 토대로 한 유아, 초등, 중등, 고등, 대학에서의 세계시민교육 확산이 첫 번째 과제이고, 이와 동시에 세계시민교육의 내용을 풍부하게 하는 세계시민사상의 발전이 두 번째 과제이다. 세계시민사상이 풍성해지면 세계시민교육도 함께 성장하는 동반 발전의 관계이다.

2. 평생교육과 세계시민운동

현재 세계시민교육은 초·중·고등학교, 대학 등 정규교육, 공교육 차원에 집중되어 있다. 이렇게 된 연유는 SDGs 4.7의 각국 달성 정도를 측정하는 지표(Indicator)가 첫째, 교육 정책 반영 정도, 둘째, 커리큘럼 반영 정도, 셋째, 교사 교육 및 양성에서의 반영 정도, 넷째, 학생들의 인식 정도 등 네 가지를 측정하기 때문이다.

이 때문에 비형식교육(non-formal education), 무형식교육(informal education)은 우선순위에서 밀리고 있다. 한정된 자원으로 순차적으로 정책과 사업을 추진하는 현실 세계에서 어찌 보면 당연한 것 일수도 있다. 그러나 아래 어느 초등학교 선생님의 글을 보면 학교 교육이 전부가 아니라는 것을 금방 깨닫게 된다.

"… 학교에서 세계에 관해 이야기 할 때를 살펴보면 아이들마다 각 나라에 대한 고정관념이 이미 만들어져 있다. 우리는 학교에서 모든 인간은 소중하다고 가르치고 있지만 학생들의 머릿속에는 이미 나라 혹은 인종에 대한 서열화가 되어 있다는 느낌을 받는다. 교육 이전의 어떤 경험에서 학생들이 고정관념을 가지는지 생각해보았다. 그리고 그 원인으로 가정과 대중매체의 영향이 가장 크다고 생각한다. 부모, 가족, 친지 등 기성세대의 편견이 그대로 아이들에게 전수되며, TV에서 다뤄지는 특정 나라들의 모습, 아이들이 보는 동화책, 만화, 영화에도 인종에 대한 편견이 포함되어 있다. 아이들의 인종에 대한 편견과 고정관념을 깨기 위해서는 많은 노력과 시간이 필요하다고 생각한다. 아이들에게 "인간은 다른 모습을 가지고 있고, 다름을 인정하고, 또 달라도 모두가 소중하다"와 같은 교육을 하는 것을 넘어 실제적인 인식의 변화로 이끌기 위해서는 어떤 교육을 해야 할까? 이러한 교육은 학교에서 현실적으로 가능할 것인지 의문이 든다 …"[53]

윗 글을 보면, 아무리 학교에서 세계시민교육을 열심히 해도 가정에서, 사회에서 이미 고정관념과 편견을 가지고 학교에 오게 되면 교육의 효과가 크지 않다는 것을 쉽게 알 수 있다.

그러면 어떻게 해야 하는가? 필자의 생각으로는 학교를 중심으로

---

[53] 필자가 2021년 봄 학기에 서울교대 교육전문대학원에서 강의할 때 석사과정 학생이었던 서울시내 어느 초등학교 교사의 발표내용이다.

한 정규교육과 가정교육, 사회교육, 미디어 교육이 동시에 진행되어
야만 효과를 거둘 수 있다고 본다. 한 인간이 탄생하면 가정에서 부
모, 조부모, 친인척으로부터 먼저 배움이 시작된다. 이 단계에서 인종
에 대한 편견, 문화에 대한 고정 관념이 형성되면 "세 살 버릇 여든까
지 간다"는 속담처럼, 평생 지속해서 영향을 받게 된다. 또한 어린이
집, 유치원 등 유아 교육 단계에서도 강렬한 영향을 받게 된다. 그리
고 집에서 시청하는 TV 광고, 드라마, 뉴스, 그리고 영화, 게임 등 이
런 미디어를 통해 형성되는 고정관념과 편견의 영향력은 학교를 능가
한다.

이런 강렬한 영향력 분야를 배제하고 오직 학교에만 집중하는 것
은 타조 효과와 비슷하다. 타조는 맹수가 나타났을 때 모래에 머리를
박아 눈만 가린다고 한다. 문제를 본질에서 해결하려고 노력하기 보
다는 그냥 당장 할 수 있는 것만 하고, 어려운 것은 외면하는 것이 타
조 효과와 유사해 보인다. 세계시민교육이 정규교육에서도 효과를
발휘하려면 비형식교육(non-formal education), 무형식교육(informal
education)과 함께 가야 한다. 가정교육, 사회교육, 미디어 교육이 병행
되어야 한다. 결국 평생교육 차원에서도 세계시민교육이 시급하다는
얘기이다. 평생교육 프로그램에서 인종적 멸시나 혐오가 문제라는 것
을 배운 기성세대, 조부모들은 손자, 손녀들에게 인종 혐오 발언을 조
심하고, 편견을 대물림하지 않으려고 조심할 것이다.

이런 차원에서 평생교육기관에서 세계시민교육을 적극적으로 수
용하고, 확산하는 것이 필요하다. 한국의 경우, 중앙에 국가평생교육

진흥원이, 시도 마다 평생교육진흥원이 설립되어 있고, 최근에는 충남시민대학, 경북도민행복대학 같은 독일의 시민대학을 본딴 평생교육기관이 신설되면서 세계시민교육에 대한 관심이 확대되고 있다. 다만 지금은 담당 평생교육사들 차원에서 강좌가 신설되고, 강사가 섭외되는데, 이를 보다 제도화할 방법을 찾아야 한다. 예를 들면, 평생교육 차원에서 세계시민교육을 지원할 기관이나 단체의 설립, 혹은 세계시민교육을 평생교육에서 풀어 낼 전문가들의 지적 공동체(epistemic community) 형성이 필요하다.

그리고 TV에서 자주 볼 수 있는 아프리카의 굶주리는 아동을 돕기 위한 개발NGO의 모금 광고도 좋은 취지에 비해, 이를 시청하는 한국인들에게 은연중에 심어주는 인종적 편견과 아프리카에 대한 고정관념의 후유증이 적지 않다. 이 광고를 계속 시청하다보면 아프리카는 빈곤한 곳이고, 아프리카인들은 대부분 굶주리고 있다는 잘못된 인식을 심어준다. 물론 아프리카가 북미, 유럽이나 동아시아 보다 상대적으로 가난하지만, 모두 다 그런 것도 아니고, 선진국 내부에도 빈곤한 사람들이 적지 않다. 이런 광고가 세계시민 의식에 기반을 두고 있지만, 또한 세계시민교육을 저해한다는 모순을 안고 있다. 이제는 세계시민교육이 미디어에 영향을 줄 방법을 고민해야 한다.

이렇게 가정교육, 사회교육, 미디어 교육, 평생교육에 자극과 충격을 주기 위해서라도, 이제는 세계시민교육을 넘어선 세계시민 운동(movement)이 필요하다. 환경교육도 환경운동과 함께 성장한 것처럼, 세계시민교육도 평범한 일반 시민이 참여하고, 즐기는 세계시민 운동이 함께하면 더욱 더 발전하고 든든한 지지 세력을 확보할 수 있다. 세계시민을 지향하는 시민사회단체가 설립되고, 세계시민 페스티벌이 개최되며, 세계시민의 날을 기념하게 되면 전 세계에 세계시민교육은 더욱 더 빠르게 확산될 것이다.

3. 기후위기와 인간의 생존: 지속가능성과 세계시민성

세계시민교육은 세계를 하나의 공동체로 보고, 인류에게 다가온 전 지구적 도전을 인류 전체가 다 함께 협력하여 이를 극복하고자 하는 것을 목표로 한다. 최근 인류가 기후변화, 아니 기후위기라는 초유의 도전을 맞고 있는데, 이러한 기후 위기의 해법은 바로 세계시민성, 세계시민사상에 달려있다.

지속가능발전목표(SDGs) 4.7은 지속가능발전교육과 세계시민교육을 양대 축으로 하고 있다. 지속가능발전교육은 Sustainable Development, Sustainability 개념을 교육하는 것이고, 세계시민교육은 Global Citizenship 개념을 교육하는 것이다.

이 둘은 상호 보완적이다. 이 지구의 지속가능성은 인류가 세계시민 의식을 가져야만 가능해지고, 세계시민이 살아갈 세계 공동체는 지구 생태계가 지속가능해야만 가능하다. 서로 불가분의 관계다.

그러나 오늘날 지속가능발전교육은 주로 환경 교육으로 간주하고, 국제사회에서는 일본의 의제로 인식되고 있다. 일본은 2002년 요하네스버그 지속가능발전 정상회의에서 고이즈미 총리가 지속가능발전교육이 지속가능발전의 핵심이라고 강조하고, 이어서 유엔에서 2005년부터 2014년까지를 유엔 지속가능발전 10개년으로 지정하는 데 앞장서면서 이 분야 선도 국가로 이미지 메이킹 되었다. 반면에 세계시민교육은 시민교육, 교육학 분야로 초점이 협소하게 맞추어 지고, 국제사회에서는 한국이 주도하였다고 하여 한국의 의제로 인식되고 있다. 이러한 협소한 해석은 SDGs 4.7의 중차대한 역할과 임무를 약화하고 있다.

기후 위기 속에서 인류의 생존을 담보하기 위해서는 SDGs 4.7에 담긴 지속가능성과 세계시민성이 각기 역할을 하고, 또 융합하면서 이 위기를 극복해 나가도록 해야한다. 이런 융합과 통합의 철학은 토마스 베리의 생태신학[54]에도 나타나고, 프란치스코 교황의 '찬미 받으소서'[55]에도 나타나며, 파울로 프레이리의 Ecopedagogy[56]와 미시아스젝(Greg Misiaszek)의 Critical Ecopedagogy에도 나타난다. 한국에서도 인권 문제를 다루던 성공회대 조효제 교수가 「탄소 사회의 종말: 인권의 눈으로 기후위기와 팬데믹을 읽다」[57]라는 책을 출판하였

---

54) 토마스 베리의 생태신학은 다음 한글 번역서 참조. 토마스 베리 지음, 「황혼의 사색」(한국기독교연구소, 2015), 「지구의 꿈」(대화문화아카데미, 2013), 「우주 이야기」(대화문화아카데미, 2010), 「토마스 베리의 위대한 과업」(대화문화아카데미, 2009).

55) 프란치스코 교황 회칙 「찬미받으소서」(한국천주교주교회의, 2020).

56) Ecopedagogy에 대한 자세한 설명은 다음 참조. https://en.wikipedia.org/wiki/Ecopedagogy

57) 조효제, 「탄소 사회의종말: 인권의 눈으로 기후위기와 팬데믹을 읽다」(21세기 북스, 2020).

는데, 이는 기후 위기와 인류의 미래가 인문학, 사회과학, 자연과학, 공학 같은 전문분야의 문제가 아니라, 모든 분야가 참여해야 하는 융·복합적 문제라는 것을 바로 보여준다. 곤충학자, 동물학자, 생태학자인 이화여대 최재천 교수는 「생태적 전환, 슬기로운 지구 생활을 위하여: 지속가능한 지구를 위한 마지막 선택」,[58] 「코로나 사피언스」[59] 등에서 융합적 생태사상을 펼치고 있다. 과학자인 카이스트 정재승 교수도 '세계시민 의식을 일깨우자'라는 칼럼[60] 등을 통해 세계시민 의식의 중요성을 설파하고 있다.

지금 다가오고 있는 지구상의 빈곤과 불평등 문제, 난민과 불법 이주노동자의 문제, 코로나 바이러스로 상징되는 전염병의 대유행, 기상 이변과 자연 재해 등은 이제 총체적, 통합적, 융·복합적 접근이 아니면 문제를 해결할 수가 없다.

일본은 후쿠시마 오염수를 태평양에 방출할 것이라고 발표했는데, 이는 국가 단위의 낡은 생각이다. 오염수에는 국경이 없다는 점에서, 이런 문제는 이제 인접 국가들이 공동으로 대처하는 것이 정답이다. 마찬가지로 중국에서 오는 황사, 미세먼지와 초미세먼지도 중국, 한국, 일본, 몽골 등 관련 국가들이 공동으로 대처하는 것이 올바른 해법이다. 최근 한국 정부가 추진하는 탈원전 정책도 중국, 일본 등 이

---

58) 최재천, 「생태적 전환, 슬기로운 지구 생활을 위하여: 지속가능한 지구를 위한 마지막 선택」 (김영사, 2021).

59) 최재천, 「코로나 사피언스」(인플루엔셜, 2020).

60) 중앙 Sunday 2018.4.7. https://www.joongang.co.kr/article/22515230#home

200 세계시민교육과 SDGs

웃 국가와의 공동 정책이 아니면 방사능 사고의 위험에서 벗어날 수 없다. 이제 이 지구는 과학 기술의 발달로 공동 운명체로 변화하고 있기에 문제의 해결도 지역적, 지구적 협력이 필요한 시대가 되었다.

서울시교육청은 2020년부터 생태전환교육을 강조하고 있다. 생태전환교육은 근대문명에서 생태 문명으로의 전환, 인간중심 문명에서 생태 중심 문명으로의 전환을 뜻한다. 생태전환교육은 세계시민성을 바탕으로 지구, 자연 생태계와 인간이 공존하는 미래를 꿈꾸는 교육이다. 서울시교육청이 세계 어느 나라 보다 앞서서 세계시민성과 지속가능성을 융합하고 통합하는 생태전환교육으로 나아가고 있다.

4. 지속가능발전목표(SDGs)와 ESG

최근 한국에서는 ESG - Environment(환경), Social(사회). Governance(지배구조) - 가 자주 언급되고 있다. ESG란 용어는 유엔환경계획(UNEP)이 비재무적인 부문을 모아 ESG라는 용어를 처음 사용하였다고 알려지고 있다. 2002년경 UNEP FI(Financce Initiative)의 자산운용 워킹그룹에서 ESG 요소가 주가에 어떤 영향을 미치는지 알기 위해 전 세계 사례를 모았다. 이후 영국의 법률회사 프레시필드가 주가에 영향을 미치는 ESG의 법제화를 고려하면서 책임투자라는 용어가 등장했고, UNEP FI가 2003년부터 ESG를 공식 언어로 사용했다.

2004년 유엔 글로벌 콤팩트와 스위스 정부가 함께 발간한 *Who*

*Cares Wins: Connecting Financial Markets to a Changing World*라는 보고서에서 ESG라는 용어가 등장했고, 2005년 유엔 글로벌 콤팩트, 세계은행그룹의 IFC, 스위스 정부가 공동 주최한 콘퍼런스에서 '2004년의 확대판'인 *Who Cares Wins: Investing for Long-Term Value*가 발표되었는데, 여기에 오늘날 우리가 알고 있는 ESG가 담겨 있다.

2006년 UNEP FI와 유엔 글로벌 컴팩트가 공동으로 유엔책임투자원칙(UN PRI)을 제정하였다.

이처럼 오늘날 한국에서 유행하는 ESG는 원래 유엔에서 탄생하였고, 유엔환경계획, 유엔 글로벌 컴팩트, 세계은행 그룹 IFC와 밀접히 연관되어 있다. 당연히 2015년 SDGs 탄생에도 연계가 되어 있고, 오늘날 SDGs는 또 민간기업의 ESG와 깊이 연계 되어 있다.

SDGs 달성에 있어서 국가, 개인, 기업의 3자가 유기적으로 협력해야만 가능하다는 점을 고려하면, ESG는 궁극적으로 SDGs 달성의 한 축이다. 특히 오늘날 민간기업의 역할이 그 어느 때보다도 중요하다는 점에서 SDGs는 ESG와 더 긴밀한 협력과 연계를 펼쳐 나가야 한다.

5. Post-SDGs를 위한 제안

아마도 2030년에 새로운 유엔 발전 목표를 설정할 것이다. 지금의 지속가능발전목표(SDGs)를 부분 수정하여 계속 갈 수도 있고, 전면적인 새로운 목표가 채택될 수도 있지 않을까 추정해본다.

세계시민교육을 SDGs에 넣었던 경험을 잘 살려 Post-SDGs 설정 시에는 한국이 더 많은 역할, 더 중요한 역할을 수행하길 기대해본다.

과거 경험을 토대로 사전 준비를 제안해보면, 먼저 사전에 주제, 의제에 대한 깊이 있는 연구가 필요하다. 한국의 학계, 시민사회단체가 먼저 이런 사전 주제 탐색을 시작하고, 몇 가지 주제가 선정된다면, 그 분야 전문가들을 중심으로 인식공동체(epistemic community)를 형성하는 것이 선결 요건이다. 2020년대 중반 부터는 국제적인 연대와 협력을 추구하고, 2027년부터 2029년까지 3년간은 의제설정을 주도할 유엔 등 국제기구 활동에 주력해야 한다.

지금의 시점에서 조심스럽게 살펴보면, 현 SDGs에는 별도의 문화·예술 목표가 없다는 점에서 차기 의제로 제안해 볼만하다. 이리나 보코바 유네스코 사무총장은 지속가능발전목표에 문화를 담으려고 노력했으나, 여러군데 분산하여 언급되었을 뿐 별도의 목표로 설정하지는 못했다. 그러나 2030년대가 되면 문화와 예술의 중요성이 지금보다 더 부각될 것이다. 이러한 예측을 감안하여 문화와 예술에 관한 별도의 목표를 Post-SDGs에 담는 것도 고려해 볼만 하다.

또한 인공지능(AI), 생명공학, 우주공학 분야도 반영이 안 되어 있다. 기존 SDGs에는 과학과 기술이 산재되어 있고, 별도의 목표는 없다. 2030년이면 과학과 기술이 눈부시게 발달하고, 전 지구적 문제의 해결을 위해서도 과학과 기술이 중요한 역할을 할 것이라는 점에서 향후 과학과 기술을 Post-SDGs에 별도 목표로 설정하는 것도 연구해

볼 필요가 있다.

끝으로 오늘날의 전 지구적 빈곤과 기아의 문제는 구체적으로 아프리카의 발전에 달려있다. 아프리카의 빈곤과 기아의 탈출 없이는 지구 전체의 빈곤과 기아의 탈출도 불가능하고, 전 세계적 불평등 격차 해소도 어려울 것이다. 이런 점을 감안하여 Post-SDGs에 유네스코의 Priority Africa 같은 '아프리카'에 초점을 맞춘 독자적 목표를 설정하는 것도 검토해 볼 필요가 있다.

참고문헌

■ 세계시민교육

강순원·박명림·이우영·한경구 지음. 「한반도 세계시민성 담론 연구」. 유네스코한
　　국위원회, 2019.

김진희. 「글로벌 시대의 세계시민교육 이론과 쟁점」. 박영story, 2017.

＿＿＿. 「다문화교육과 세계시민교육의 이론과 쟁점」. 박영story, 2019.

경희대학교 후마니타스 칼리지 교양교육연구소. 「세계시민」. 경희대학교 출판문
　　화원, 2019.

세계시민포럼 엮음. 김다원·배기동·유재원·이희수·임지현·전주영·정우탁 저.
　　「세계시민학 서설」. 주류성, 2021.

유네스코아태국제이해교육원 기획 및 엮음. 「한국 세계시민교육이 나아갈 길을
　　묻다」. 살림터, 2020.

강성률. "세계시민주의와 칸트의 「영구평화론」." 한국국제이해교육학회. 「국제이
　　해교육연구」 제13권 2호. 2018년 12월: 1~38.

＿＿＿. "스토아주의와 세계주의." 한국국제이해교육학회. 「국제이해교육연구」 제
　　14권 2호. 2019년 12월: 39~60.

박순용. "세계시민교육 개념의 다원성." 유네스코아태국제이해교육원 기획 및 엮
　　음, 「한국 세계시민교육이 나아갈 길을 묻다」. 살림터, 2020. 제1장.

조대훈. "학교교육의 혁신과 세계시민교육." 유네스코아태국제이해교육원 기획,
　　「한국 세계시민교육이 나아갈 길을 묻다」. 살림터, 2020. 제2장.

정우탁. "세계시민교육: 21세기 새로운 교육 흐름". 경희대 후마니타스 교양교육
　　연구소. 「후마니타스 포럼」 2019년 봄, 제5권 1호: 161~195.

_____. "유네스코 어떠한 교육을 추구하는가?" 한국국제이해교육학회 지음. 「모두를 위한 국제이해교육」. 살림터, 2015.

최수향. "좀티엔과 다카르에서 인천으로: 세계교육의 전개과정과 교육투자를 위한 시사점". 경희대 후마니타스 교양교육연구소. 「후마니타스 포럼」 2019년 봄, 제5권1호: 125–133.

한숭희. "평생학습 맥락에서의 세계시민성교육." 유네스코아태국제이해교육원 기획, 「한국 세계시민교육이 나아갈 길을 묻다」. 살림터, 2020. 제3장.

가라타니 고진 지음. 조영일 옮김. 「세계공화국으로」. 도서출판 b, 2007.

_____ 지음. 조영일 옮김. 「세계사의 구조」. 도서출판 b, 2017.

Sant, Edda. Davis, Ian. Pashby, Karen. Shultz, Lynette. *Global Citizenship Education*, 2008. 심성보·조우진·유성상 옮김 「세계시민교육」. 다봄교육, 2021.

Andreotti, Vanessa de Oliveira and de Souza, Lynn Mario T. M. *Postcolonial Perspectives on Global Citizenship Education*. NY. Routledge, 2008.

Andreotti, V. O. (2006). "Soft versus critical global citizenship education." *Policy & Practice – A Development Education Review*. Issue 3: 21–31.

Abdi, A., Shultz, A., Pillay, L., Shultz, Lynette, & Pillay, Thashika. *Decolonizing Global Citizenship Education*. Rotterdam. Netherlands: Sense Publishers, 2015.

Bader, V. (1999). "For love of country." *Political theory*, 27(3): 379–397.

Bourn, Douglas ed. *Bloomsbury Handbook for Global Education and Learning*. Bloomsbury Publishing. 2020.

Chung, Bong Gun and Park, Inyoung. (2016) "A Review of the Differences between ESD and GCED in SDGs: Focusing on the Concepts of

Global Citizenship Education." CICE Hiroshima University. *Journal of International Cooperation in Education.* Vol.18 No.2: 17–35.

Davies, Ian. Ho, Li-Ching. Kiwan, Dina. Peck, Carla L. Peterson, Andrew. Sant, Edda. Waghid, Yusef. *The Palgrave Handbook of Global Citizenship and Education.* 1st ed. London: Palgrave Macmillan, 2018.

Delanty, G. (2006). "The cosmopolitan imagination: critical cosmopolitanism and social theory." *The British journal of sociology,* 57(1): 25–47.

Gaudelli, William. *Global Citizenship Education: Everyday Transcendence.* New York: Routledge, 2016.

Nussbaum, Martha. *For Love of Country: Debating the Limits of Patriotism.* Boston: Beacon, 1996.

_____. *Monarch of Fear.* Simons &Schuster Inc., 2018. 누스바움, 마사. 「타인에 대한 연민」. RHK, 2020.

_____. *Cosmopolitan Tration: A Noble but Flawed Ideal.* Belknap Press, 2019. 누스바움, 마사. 「세계시민주의 전통: 고귀하지만 결함있는 이상」. 뿌리와 이파리, 2020.

_____. (1994). "Patriotism and cosmopolitanism." *Boston Review.*

Reimers, Fernando et al. *Empowering Global Citizens: A World Course.* CreateSpace Independent Publishing Platform, 2016.

Park, Soon-Young. *Global Citizenship Education: Goals and Challenges in the New Millennium.* Seoul: APCEIU, 2013.

Tarozzi, Massimiliano and Torres, Carlos Alberto. *Global Citizenship Education and the Crises of Multiculturalism.* Bloomsbury, 2016.

유네스코 아시아태평양 국제이해교육원 기획·번역. 「글로벌 시민교육: 새로운 교육의제」. 유네스코 아시아태평양 국제이해교육원, 2014.

조대훈·김다원·이정우·이지향·문무경. 「세계시민교육 국내 이행현황 연구보고
서」. 유네스코 아시아 태평양 국제이해교육원, 2018.

한숭희·고영상·이재준·이은정. 「국내 평생교육 내 세계시민교육 이행현황 연구」.
유네스코 아시아태평양 국제이해교육원, 2019.

박환보·조대훈·박경희·엄정민. 「2020 세계시민교육 국내 모니터링 체제 구축 연
구」. 유네스코 아시아 태평양 국제이해교육원, 2020.

UNESCO. *Global Citizenship Education: An Emerging Perspective*. Paris:
UNESCO, 2014.

_____. *Global Citizenship Education: Preparing Learners for the Challenges
of the 21st Century*. Paris: UNESCO, 2014.

_____. *Global Citizenship Education: Topics and Learning Objectives*. Paris:
UNESCO, 2015.

_____. *Global Citizenship Education: Taking it local*. 2018.

_____. *Global Citizenship Education and the rise of nationalist perspectives*:
2018.

OXFAM. *Global Citizenship in the Classroom: A Guide for Teachers*. Oxfam,
2015.

_____. *Education for Global Citizenship: A Guide for Schools*. Oxfam, 2015.

■ **국제이해교육**

한국국제이해교육학회 지음. 「모두를 위한 국제이해교육」. 살림터, 2015.

강순원·이경한·김다원 지음. 「국제이해교육 페다고지」. 살림터, 2019.

Delors, Jacques. Learning: The treasure within. Paris: UNESCO, 1996.

_____. 김용주·김재웅·정두용·천세영 역. 「21세기 교육을 위한 새로운 관점과 전망: 유네스코 21세기 세계교육위원회 종합보고서」. 오름, 1997.

UNESCO. Recommendation concerning Education for International Understanding, Co-operation and Peace and Education relating to Human Rights and Fundamental Freedoms (1974).

UNESCO. Declaration and Integrated Framework of Action on Education for Peace, Human Rights and Democracy (1995).

UNESCO. Progress on Education for Sustainable Development and Global Citizenship Education: Findings of the 6th Consultation on the implementation of the 1974 Recommendation concerning Education for International Understanding, Co-operation and Peace and Education relating to Human Rights and Fundamental Freedoms. (2018).

■ 평화교육

베티 리어든. 강순원 역. 「포괄적 평화교육」. 살림터, 2021.

유네스코 아시아태평양 국제이해교육원 기획. 앨런 스미스·강순원·오덕열 연구집필. 「한국 평화교육의 비판적 검토」. 유네스코아태국제이해교육원, 2020.

이동기. "세계시민 관점의 평화교육." 유네스코아태국제이해교육원 기획, 「한국 세계시민교육이 나아갈 길을 묻다」. 살림터, 2020: 155-177.

Bush, K. D., & Saltarelli, D. The Two Faces of Education in Ethnic Conflict: Towards a Peacebuilding Education for Children. UNICEF, 2000.

Novelli, M., & Smith, A. *The Role of Education in Peacebuilding: A synthesis report of findings from Lebanon, Nepal and Sierra Leone.* New York: UNICEF, 2011.

Bretherton, D., Weston, J., & Zbar, V. (2003). "Peace education in a post-conflict environment: the case of Sierra Leone." *Prospects,* 33(2): 219–230.

Davies L. *Eudaction and conflict: Complexity and chaos.* New York, NY: Routledge, 2004.

_____. (2005) "Schools and war: Urgent agendas for comparative and international education." *Compare,* Vol.35, No. 4: 357–371.

Duncan, R., & Cardozo, M. L. (2017). "Reclaiming reconciliation through community education for the Muslims and Tamils of post-war Jaffna, Sri Lanka." *Research in Comparative and International Education,* 12(1): 76–94.

Green, A., & Preston, J. (2001). "Education and social cohesion: Recentering the debate." *Peabody Journal of Education,* 76(3–4): 247–284.

Miller-Grandvaux, Y. (2009). "Education and fragility: a new framework." *Journal of Education for International Development,* 4(1): 1–14.

Mosselson, J., Wheaton, W., & Frisoli, P. S. J. (2009). "Education and fragility: A synthesis of the literature." *Journal of Education for International Development,* 4(1): 1–17.

Smith, Alan. (2009). "Think piece prepared for the EFA Global Monitoring Report 2011, The hidden crisis: Armed conflict and education." Paris: UNESCO.

■ 인권교육

이사이, 미셸린. 조효제 역. 「세계인권사상사」. 도서출판 길, 2005.

인권연대 기획. 「인권, 세계를 이해하다」. 철수와 영희, 2019.

조효제. 「인권을 찾아서」. 한울, 2016.

_____. 「인권의 지평」. 후마니타스, 2016.

프레초, 마크. 조효제역. 「인권사회학의 도전」. 교양인, 2020.

■ 다문화교육·상호문화교육·문화다양성 교육

Banks, James A. 엮음. 방명애·김혜인 옮김. 「다문화교육의 세계 동향」. 시그마
　　　프레스, 2014.

Banks, James A. 저. 모경환 역. 「다문화교육입문」. 아카데미프레스, 2016.

압달라–프릿세이, 마르틴 저. 장한업 역. 「유럽의 상호문화교육」 한울아카데미,
　　　2017.

장한업. 「이제는 상호문화교육이다」. 교육과학사, 2014.

UNESCO. *Convention on the Protection and Promotion of the Diversity of
　　　Cultural Expressions.* 2005.

■ 환경교육·지속가능발전교육·생태전환교육

김영순. 「공유된 미래 만들기: 지속가능발전교육과 세계시민교육」. 한국문화사,
　　　2018.

데이비드 쾀멘 저. 이충호 옮김. 「도도의 노래」. 김영사, 2015.

이선경. "지속가능한 발전과 미래를 위한 세계시민교육." 유네스코아태국제이해교
육원 기획. 「한국 세계시민교육이 나아갈 길을 묻다」. 살림터, 2020. 제10장.

조효제. 「탄소 사회의 종말」. 21세기북스, 2020.

최재천. 「생태적 전환, 슬기로운 지구 생활을 위하여: 지속가능한 지구를 위한 마
지막 선택」. 김영사, 2021.

최재천 등. 「코로나 사피언스」. 인플루엔셜, 2020.

World Commission on Environment and Development. *Our Common Future*.
Oxford University, 1987.

Cortese, A. D. (2003). "The Critical Role of Higher Education in Creating a
Sustainable Future." *Planning for Higher Education*, 31(3), 15–22.

Sauvé, L. (1996). "Environmental Education and Sustainable Development: A
Further Appraisal." *Canadian Journal of Environmental Education*, 1: 7–34.

Wright, Tarah. S.A. (2002). Definitions and frameworks for environmental
sustainability in higher education. *International Journal of Sustainability
in higher education*, 3(3), 203–220.

UNESCO. *Education for Sustainable Development: Partners in action: Halfway
through the Global Action Programme on Education for Sustainable
Development.* 2017.

_____. *Education for Sustainable Development: Partners in action: Global
Action Programme(GAP) Key Partners' report (2015–2018).*

_____. *UNESCO Roadmap for Implementing the Global Action Programme
on Education for Sustainable Development.* 2014.

_____. *SDG 4 – EDUCATION 2030 PART II, EDUCATION FOR SUSTAINABLE
DEVELOPMENT BEYOND 2019.*

■ 시민교육·민주시민교육·세계시민교육

박경희. "텍스트 마이닝을 활용한 세계시민교육, 민주시민교육, 시민교육의 연구
　　　경향 비교." 「교육문화연구」, 제25권 제6호 (2019): 29~49.

심성보, 이동기, 장은주, 케르스틴 폴 지음. 「보이텔스바흐 합의와 민주시민교육」.
　　　징 검다리 교육공동체 총서 1. 북멘토, 2018.

심성보. 「한국 교육의 현실과 전망 세계교육의 담론과 운동 그리고 민주시민교
　　　육」. 살림터. 2018.

＿＿＿. 「민주시민교육」. 살림터, 2014.

송호근. 「시민의 탄생」. 민음사, 2014.

유네스코아태국제이해교육원. 「멀티플 팬데믹」. 이매진. 2020.

장은주. "민주시민교육에서 세계시민교육으로" 유네스코아태국제이해교육원 기
　　　획. 「한국 세계시민교육이 나아갈 길을 묻다」 살림터. 2020. 제6장.

Banks, J. A. (2008). "Diversity, group identity, and citizenship education in a
　　　global age." *Educational researcher,* 37(3): 129–139.

Torres, C. A. (2002). "Globalization, education, and citizenship: Solidarity versus
　　　markets?." *American Educational Research Journal,* 39(2): 363–378.

■ 국제개발협력·공적개발원조(ODA)와 세계시민교육

장하준. 「사다리 걷어차기」. 부키, 2006.

＿＿＿. 「나쁜 사마리안인들」. 부키, 2007.

＿＿＿. 「다시 발전을 요구한다」. 부키, 2008.

KCOC·KOICA ODA 교육원. 「세계시민첫걸음 필독서: 국제개발협력 입문 개정증

보판」. KOICA ODA 교육원, 2016.

정우탁. "다른 출발, 같은 지향-세계시민교육과 국제개발협력."「KCOC Issue Brief」2021-4호.

노르베리-호지, 헬레나.「오래된 미래: 라다크로부터 배운다」. 녹색평론사, 1996.

Easterly, William. *The White Man's Burden*. Penguin, 2007. 황규득 옮김.「세계의 절반 구하기」. 미지북스, 2011.

McMichael, Philip. *Development and Social Change*. SAGE Publication, Inc,. 조효제 옮김.「거대한 역설」. 교양인. 2013.

Moyo, Dambisa. *Dead Aid*. 김진경 옮김,「죽은원조」. 알마, 2012.

Sachs, Jeffrey D. *The End of Poverty*. New York: Penguin Books. 2005. 김현구 옮김.「빈곤의 종말」. 21세기 북스, 2006.

_____. *Common Wealth*. New York: The Penguin Press, 2008.

Sen, Amartya. *Development as Freedom*. Anchor, 2000. 박우희 옮김.「자유로서의 발전」. 세송연구원, 2001.

Yunus, Muhammad and Porter, Ray. *Banker to the Poor*. Blackstone Audio Inc. 2007. 정재곤 옮김.「가난한 사람들을 위한 은행가」. 세상 사람들의 책, 2003.

윌리엄 맥어스킬 저. 전미영 옮김.「냉정한 이타주의자: 세상을 바꾸는 건 열정이 아닌 냉정이다」. 부키, 2017.

■ SDGs·MDGs

「알기쉬운 지속가능발전목표 SDGs」. 국제개발협력시민사회포럼, 2016.

■ 기타

Evans, Peter B. *Embedded Autonomy: States and Industrial Transformation.*
     Princeton: Princeton University Press,1995.

Jacobson, Harold K. *Networks of Interdependence: International Organizations*
     and the Global Political System. 2nd edition. New York: Alfred A. Knopf,
     1984.

Williams, Douglas. *The Specialized Agencies and the United Nations: The*
     System in Crisis. London: Hurst & Company, 1987.